合気眞髄

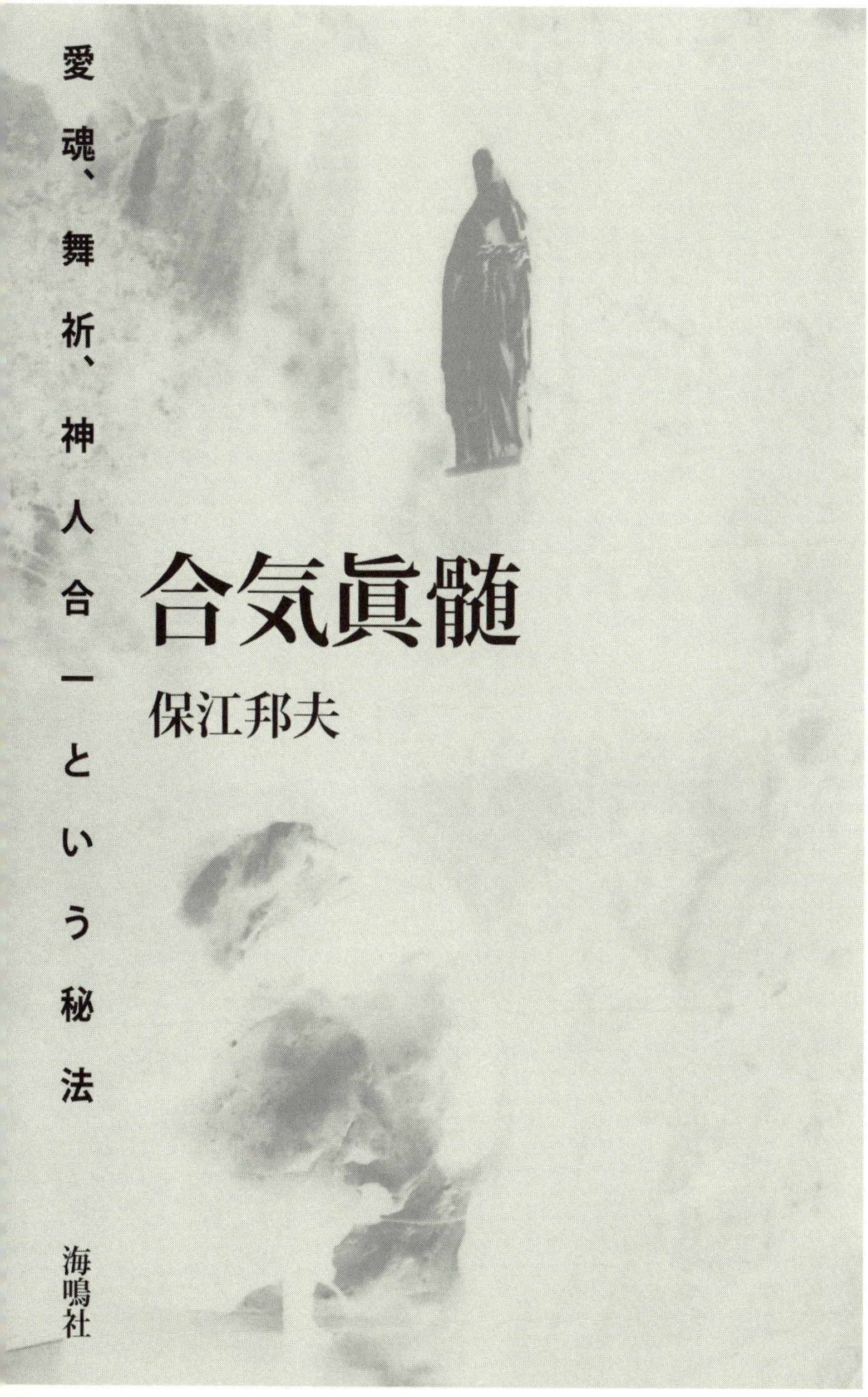

合気眞髄

保江邦夫

愛魂、舞祈、神人合一という秘法

海鳴社

はじめに

日本武術の深奥に位置する「合気」と呼ばれる神秘の秘伝技法に、長年にわたって心引かれ、自分自身でその秘技を身につけることがかなわない軟弱者の己を恨みつつも、せめてその機構解明だけはと、物理学・神経生理学・脳科学の観点から研究努力してきた日々は、既に遠い過去の記憶となっている。ちょうど十二年前に遡るが、突然に見つかった進行した癌の摘出手術で生死の境をさまよった僕が、全身麻酔から覚めた直後の激痛と瞼の裏に映り込んだドス黒い異界の恐怖から逃れるべく助けを求めた聖母マリア。

直後から連綿と続いたマリア様の祝福によって本当に救われた僕は、その昔に神に導かれたとしか表現できない不思議な出会いを二度はたしたスペイン人修道士エスタニスラウ神父に密かに授かっていた、「愛とともに相手の魂を自分の魂で包む」という「愛魂《あいき》」技法を使ったキリスト由来の活人術を操ることができるようになった。まさに「汝の敵を愛せよ」というイエス・キリストの教えのとおり、襲いかかる敵をも愛することにより具現される「愛魂」は、少なくとも敵の身体があり得ないような体勢から崩れるという現象としては「合気」と同じ効果を示す。

　このあたりのことを包み隠さずに初めて公開したのは『合気開眼――ある隠遁者の教え』（海鳴社）だったが、それ以降僕は「合気＝愛魂」という立場から「合気」の解明にいそしむことになる。それまで専門の物理学や脳科学についての著作を出して下さっていた海鳴社からは、その後僕自身による合気関連書『唯心論武道の誕生――野山道場異聞』、『脳と刀――精神物理学から見た剣術極意と合気』、『合気の道――武道の先に見えたもの』だけでなくイエス・キリストに遣わされたとしか考えられない宿敵から真の友となった炭粉良三による一連の労作『合気解明――フォースを追い求めた空手家の記録』、『合気真伝――フォースを追い求めた空手家のその後』、『合気流浪――フォースに触れた空手家に蘇る時空を超えた教え』、『合気深淵――フォースを追い求めた空手家に舞い降りた青い鳥・眞法』、『合気解体新書――冠光寺眞法修行叙説』が出版されてきた。

　特に『合気解体新書』は当初僕と炭粉良三さんの共著という形で現状までに解明できた「合気」のすべてを公開するいわば最終作として企画されていたのだったが、ちょうど僕がエジプトのピラミッド探訪に出かけたときに気づくことができた「合気＝愛魂」を越える「舞祈《まいき》」、つまり人類のすべての種族に共通する「舞う」という「祈り」が持つ神秘の力による究極の活人術に興味が移ってしまったため、炭粉さんにご無理をお願いした結果、すばらしい彼の単著として世に出たものだ。

そのご厚意のおかげで僕自身はその意義深いエジプト神秘紀行の全貌を明らかにする最新作『伯家神道の祝之神事を授かった僕がなぜ――ハトホルの秘儀 in ギザの大ピラミッド』(ヒカルランド)を上梓することができたのだが、その締めくくりに登場する「舞祈」については単に気づきの経緯を公表するにとどめ、詳細な解説については将来の課題としておいた。幸いにもピラミッド探訪から帰国して、つまり二〇一二年の十二月から押し寄せてきたさまざまな出会いと出来事のおかげで「舞祈」についての深い理解へと導かれてきた僕は、その後十年ぶりに聖母マリアの聖地ルルドへの巡礼を終えた勢いで「舞祈」の全貌を公にしたいと思い始める。

この「舞祈」が多くの人々に認知され、世界各地で日々失われ忘れ去られてきた民族舞踊や伝統舞踊が単に人類の芸術文化遺産であっただけでなく、実は人類の魂を救い人々を生き生きと活かすための人類の普遍的英知でもあったことに気づいていただけたならば、本書を書き進めていく僕のささやかな祈りでさえもどこまでも高き天に通じることだろう。むろん、この舞祈を多々ある武術・格闘技の場面に活かすのも一興ではあろうが、人間にのみ許された活人術としての本来の深い意味合いを追求する有志の皆さんであれば、そんな自分本位の道に用いるよりはせめて世のため人のためになる分野、たとえば介護現場での有効活用をはかって下さると信じたい。介護する人がまるで舞を舞うかのように動くならば、介護される人の身体が軽く動かせるようになるだけでなく、介護する側もされる側も笑いあって楽しく疲れ知らずの現場となることが保証されているのだから。

目指すは「踊る介護士」……、いやそれだけではない。歪みが目立ってきた現代社会の中で求められているのは、教育現場に愛と活力を取り戻すことができる「踊る教師」であり、政治の現場では「踊る代議士」、医療現場では「踊る医師」と「踊る看護師」、などなど枚挙の暇もない。百聞は一見に如かず……いや、百見は一体験に如かず。まずは騙されたと思ってでも、本書を読み進みながら実際に友人相手に舞祈の効果に素直に驚いてみてほしい。読者の皆さんの全員が、それぞれ活躍する社会分野での「踊るナニヤラ」第一号になっていただけるならば、この「舞祈」という人類共通の至宝の秘技を公開する意味もより大きくなるのだから。

さあ、徳島に伝わる阿波踊りのはやし詞ではないが、「踊る阿呆に見る阿呆、同じ阿呆なら踊らにゃ損々……」、目指せ「踊る読者」！

保江邦夫

二〇一三年夏

追記

そう、本当ならここまでの理解で終わっていたはずだった……。「舞祈」について、ごく入り口のあたりから垣間見ただけの、まだまだ浅いレベルからの探求でわかったことのみを提示しただけで。

だが、その程度の理解にしか至っていなかった二〇一三年夏の日の僕が呼ばれた場所は、太平洋の真っ直中に位置するハワイ諸島だった。そして、二機の船外機付きのゴムボートで沖を疾走しながら海神之神《わたつみのかみ》に向かって禊《みそ》ぎ祓《はら》いの祝詞《のりと》を奏上することで寄ってきた野生のイルカ。その群が教えてくれたのは、神を宿すというまさに舞の眞随。帰国後に知った世阿弥が遺したという言葉が、それに追い打ちをかける。

そう、舞とは人が神を降ろし神と一体となるための祈りそのものだったのだ。「舞祈」とは「神人合一」のための我々人間に等しく与えられた秘法……だからこそ我々の魂が救われ活かされることにつながっていく。そして、その神人合一によって神と一体となって「無敵」の境地を体現することにより、敵意ある攻撃からその身を護るという秘法こそが「合気」の眞髄なのだ。

古神道に伝わるさまざまな鎮魂帰神の行法の中には、まさにそのような「合気」の前身とも考えられる「手乞《てごい》」と呼ばれていた技法もあったのだが、その本当の姿は既に失伝してしまっている。しかしながら、各地にある神社の神官の中には、「手乞」を密かに継承し発展させていった者もいたようで、少なくとも惟神《かむながら》の武道と呼ばれる大東流合気柔術の伝承の中には、それを匂わせる逸話があったようだ。

神人合一が魂を解放する活人術としてすべての人々を苦しみから救う秘法であり、また神と一体となって無敵の状況を周囲に生み出すことによって人心の乱れに起因する闘争を鎮める「合気」の秘法ともなるという事実は、確かに我が国における建国以来の歴史の中に密かに散りばめられてきている。だが、すべての人間に等しく与えられた神人合一の秘法に気づいたのは、当然ながら神道を拠りどころとする日本人だけではない。ヒンズー教、仏教、ユダヤ教、キリスト教、イスラム教などの世界的な宗教や、アメリカ先住民族やポリネシアなど環太平洋地区に現存するさまざまな原始宗教に帰依する多くの民族の中にも、その秘法はかろうじて伝えられてきてはいるのだから。

この僕がスペイン人修道士から受け継いでしまったキリスト教カトリックに密かに伝えられてきた活人術の中核をなす「愛魂」の技法は、「愛とともに相手の魂を自分の魂で包む」ことで神の御業を受け入れる、つまり神と一体となると考えれば、確かに「神人合一」の秘法とも見ることができよう。だからこそ、「愛魂」は多くの面で「合気」に似た効果を示すのかもしれない。そう、キリスト教に伝わる「神人合一」の秘法こそが「汝の敵を愛せよ」や、「汝の隣人を愛せよ」といったキリストの言葉として残されてきた「愛魂」なのだ。

また、カトリックよりも原初キリスト教に近いギリシャ正教からロシア正教へと伝わったキリストによる神人合一の秘法は、ソビエト革命によるロシア正教弾圧の中においてもソビエト陸軍特殊部隊「スペッナツ」のための格闘技の中に密かに伝えられてきている。その格闘技をロシア武術「システマ」という名前で世界的に広めてきたミカエル・リャブコ師は、多くの時間を自宅にあるロシア正教の祭壇前で祈ることに費やす敬虔な教徒であり、システマの眞髄は敵を思いやることにあるとまでいう。

冷静に見ていくならば、むしろ神や宗教とつながっていない武術や格闘技というものは、世界的にも少数派でしかない。遡っていけばそのほとんどが、「神人合一」によって世の乱れを鎮めるために密かに伝えられてきた神伝秘法に源を発するという事実が明らかになる日も、そう遠くないかもしれない。

そんな予感を抱きながら、「合気」の眞髄が「神人合一」にあるということに気づくことができた経緯を、『合気眞髄――愛魂、舞祈、神人合一という秘法』と題して明らかにしたい。神人合一という秘法が我々に教えてくれる、人間というものの本質的理解へと至るために……。

二〇一四年桜花散る頃

保江邦夫

もくじ

一　予兆

　今から思えば、まるでその年の三月十一日に東日本大震災と津波による福島第一原子力発電所原子炉群の炉芯融解による大惨事の到来を予見していたかのように、二〇一一年の一月からは岡山以東の県外から通ってきていた門人の皆さんに岡山の道場には来ないで東京、名古屋、神戸の道場に集うように指示を出していた。それまで毎週土曜日午後に開催されていた「敵の魂を愛とともに自分の魂で包む」つまり「敵を愛する」という「愛魂」の技法によるキリスト伝来の活人術「冠光寺眞法」を活用した柔術である「冠光寺流柔術」の道場には三十名程度の門人達が稽古に参加していたのだが、県外組が来なくなってからは毎回四、五名程度の参加にとどまってしまう。

　それを補うかのように立ち上げたのは、それまで女子大生による部活として行っていた合気道の稽古を、大学外の一般人も受け入れることができる稽古の場として発展させた合気道星辰館道場だった。ちょうど数多くの新入女子大生部員を迎えた時期だったこともあり、ほとんど全員が合気道初心者という形で稽古が続いていったのだが、そのため初歩の初歩といえるような基本的な技を修得してもらうのにも苦労したのは事実。しかも、それまでなら女子大生の稽古相手も女子大生というわけで体力的にも無理のない範囲で動けたのだが、一般人の男性も稽古相手となる星辰館道場では、巨漢の男性相手に女子大生が苦戦を強いられる場面も少なくなかった。

特に稽古の一番最初にやることになっている「立ちの呼吸法」と呼ばれる投げ技のときに目立ったのだが、そこでは片腕を手首のところで稽古相手に両手でガッチリとつかまれてしまうのだ。そんなときに他の合気道の道場のように「女性は非力だから腕をつかむ側の人は受け身の稽古だと思って自分から倒れるように」などと指示するのでは、せっかく「愛魂=合気」による体力に依らない冠光寺流柔術も同時に展開している意味がなくなってしまう。

しかし、だからといって岡山の田舎から電車通学し始めたばかりの（今の時代には珍しい）純朴な女子大一年生に向かって「腕を両手でがっちりとつかんでいる相手の男を愛すればよい」などと指示しても目が点になるだけだ。体力で勝る男性相手に、か弱い女子大生が愛魂の技法を使わずに両手でがっちりとつかまれた片腕を自在に動かして相手を投げ飛ばす技法が存在すればよいのだが……。

そんなときに思い至ったのは、「汝の敵を愛せよ」というイエス・キリストの教えそのものともいえる愛魂の技法における「愛する」ということについてのさまざまな表現についてだった。特に日本人の男性に多いのだが、いくら「愛する」ことを促しても「愛するということがどういうことかわからない」と、すぐに弱音を吐いてしまう。こんなときには、「相手を愛するのは相手に優しくするということ」だと説明すればある程度は理解してもらえ、それによって愛魂の技法も少しは使えるようになる。

また、大学を経営しているシスターのお一人に久しぶりにお目にかかって近況を問われたとき、

「最近は相手を愛することで相手の身体が相手の意志とは無関係に動いて、大きな相手の身体を自在に動かすことができるようになりました」

と答えた。年輩のカトリック修道女のことだからそんな僕の話に興味を示すとは思っていなかったのだが、そのシスターは目を輝かせながら

「まー、すばらしい。まるでマザーテレサのようでらっしゃいますね！」

という。

マザーテレサについては若い頃からインドの貧民街に入って貧しい病人に対する献身的介護活動に一生を捧げた聖人という程度の知識しか持ち合わせていなかった僕は、少なからず違和感を覚えたた

めシスターに問い返す。マザーテレサは本当にそのような超人的なことをなさっておいでだったのか、と。それに対する返答は、ある意味で僕の「愛」というものに対する理解を一挙に深めてくれるものとなったのだが、その内容は次のようなものだった。

世の中に出回っている晩年のマザーテレサの活動を紹介した映像のほとんどは、弱り果てた病人の側に付き添って水を飲ませたりしている場面であり、ご自身も年老いてもともと小柄な身体の背中が曲がった小さなお姿にふさわしいものとなっている。だが、そんなマザーテレサが所用で街に出ていくときなど、行き倒れとなった大きな男性を道端や用水路の中に見つけたならば、すぐにその男性の手を取ってご自分の肩に担いでしまうという。それまで自分の力では歩くことはおろか立ち上がることさえできなかった男性も、マザーテレサに手を取られてからは何故か背中の曲がった小柄な老女の肩に担がれた状態でヨロヨロと歩いていくのだ。あるときなど、二人の行き倒れの男性を両肩に担いで修道院に戻ってきたこともあったとか。

常識ではとうてい考えられないようなことだが、インドでそんなマザーテレサのお姿に接した人々は異口同音に

「マザーテレサの愛のなせる技に違いない」

と評する。そのからくりは不明だが、ともかくキリストの愛をこの世に具現しているマザーテレサであるからこそ、行き倒れの大きな男を愛とともに担ぎ上げて歩かせることもできるのだ、と。

この話を聞いたとき、僕はまったくの理屈抜きで直感した。マザーテレサはキリスト伝来の活人術を操ることができていたはずだと。マザーテレサが行き倒れの男性を見つけたとき、彼女はその行き倒れの男の魂を愛とともに自分の魂で包み、その結果まさに「愛魂」の効果によって自分自身の意志では立ち上がることも歩くこともできなかった男の身体が、マザーテレサの魂によって操られて動き始めるのだ。

このすばらしい事実に気づいた僕は、その瞬間からこの「愛魂の効果」を「マザーテレサ効果」と呼ぶことにした。

マザーテレサについては、別のシスターからよく

「愛の反対は無関心」


という有名なお言葉があるということも聞いていた。そのため、

「愛の反対は無関心なのだから、愛するということは無関心の反対、つまり強い関心を持つという

ことになる」

と気づくこともできたのだ。

そうすると、それまで「愛するということがどういうことかわからない」と弱音を吐いていた人にも、「相手を愛するというのは相手に多大な関心を寄せるということ」だと説明できるようになった。

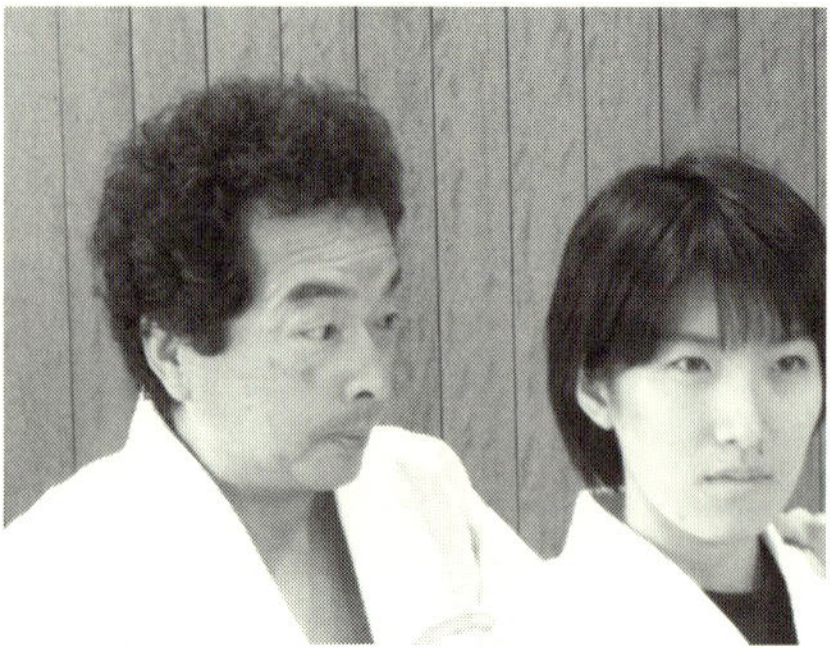

写真1　相手に多大な関心を抱いているときの眼の開き

むろん相手に「強い関心を持つ」とか「多大な関心を寄せる」というい表すだけでは理解してもらえないので、実際に僕が相手に「死ぬほど関心を抱く」ようにしてみせる。その様子を初めて目にするとき、ほとんどの人は思わず吹き出すように笑ってしまうのだが、その理由は僕の表情にある。何故なら、まさに「目を皿のようにし」という表現そのもののように眼をカッと見開いて、相手の一点をまるで「穴が開くかのように」必死の形相で見つめているのだから。

昔から

「男子三日会わざれば刮目《かつもく》して見よ」

といわれてきたように、人間というものは真剣に見るときには「刮目」、つまり目を意図的に大きく見開く必要があるのだ。「刮目」しないで普通程度の目の開きで見たところで、それは相手に特別の関心を抱いていることにはならない。日々いっしょに稽古しているなじみの相手であっても、たとえばその人の右耳たぶを注視したことなどないはず。

そこで、相手に腰を落とした盤石の体勢で立ってもらい、こちらは相手の右耳たぶを必死で見つめながら相手の腕や肩に手をかける。そうして、右耳たぶに二つ並んだホクロがあるとか、あるいは短い産毛が生えているなどといったこれまで見えていなかったものが見えてきたなら、その発見に驚くかのようにさらにそのホクロなどを凝視し続けていく。そうしながら相手の腕や肩にかけている手を徐々に下方に運んでいけば、相手の身体は相手の意志とは裏腹に何故か崩れていき、最後には倒れ込んでしまう。

むろん、目を皿のように見開いて相手を注視する部位は耳たぶである必要はなく、とりあえず一番簡単に見ることができる場所であれば身体のどこでもよいし、相手が着ている服の一部位であってもよい。相手と柔道のように組んでいる場合に相手の稽古着の襟のほころびを凝視して相手に極度の関心を抱くならば、その昔に柔道の名人・三船久蔵十段が得意技とした「空気投げ」ですら実現できる。

こうして「相手を愛することとイコール相手に強い関心を抱くこと」というマザーテレサの教えを拝

写真2　相手の右耳たぶを刮目して見つめることで相手に強い関心を抱くならば、それは相手を愛することに等しいため相手の身体は崩れ落ちるかのような動きを示す

借することで、愛魂の技法も少しは使えるようになる。つまり、「敵を愛する」という「愛魂」の技法を「敵に強い関心を抱く」という技法に読み変えることで、キリスト伝来の活人術「冠光寺眞法」を活用した冠光寺流柔術の技をある程度は実現することができるのだ。しかしながら、目をカッと見開いて相手を注視するということは、「愛するということがどういうことかわからない」と困惑していた一般の男性門人達には極めて容易に受け入れてもらえたのだが、肝心の女子大生達にはそれほど好評ではなかった。仁王様のように目を見開いた大げさな表情を作るという点に抵抗があったようで、なかなか一筋縄ではいかない。

写真3　三船十段の空気投げ（© 久慈市立三船十段記念館）

　しからば何か他のやり方で「愛する」ということを表現するしかないのだが、そう簡単に思いつくことができるわけでもない。道場の中、困惑顔で見守っていた女子大生達の期待に応える形で、僕はとりあえず何らかの代替案を提示する必要に迫られていた。ない知恵を搾ったところでどうにもならないことは明らかだったためか、ほとんど茫然自失となった僕が神様にすがるかのように道場の天井を見上げたとき、ふ

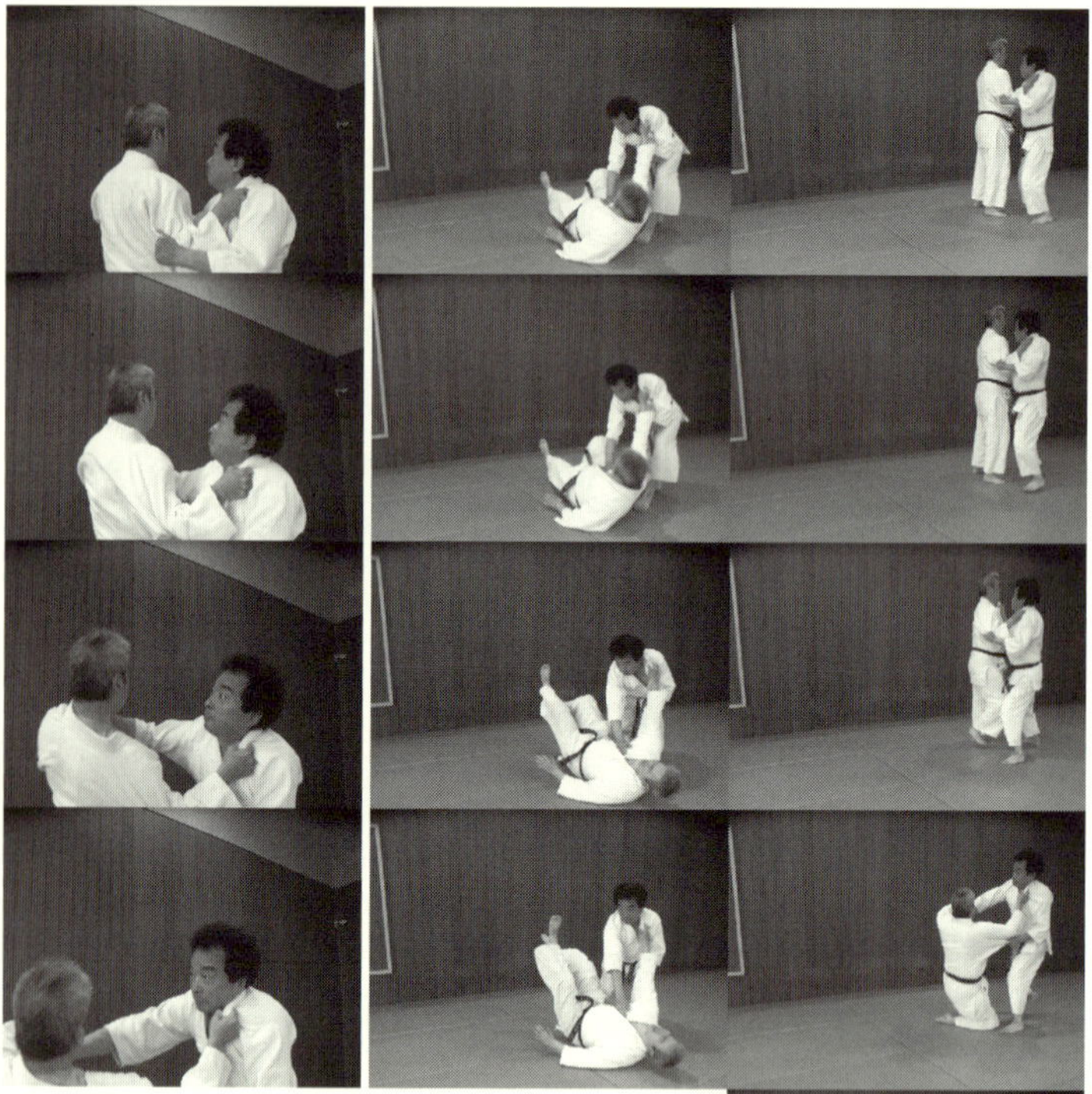

写真４　相手の右袖と左襟をつかんでいる状態で相手の右襟のほころんだ部分を刮目して見つめることで、相手に強い関心を抱きながら体をさばくならば、それもまた相手を愛することに等しいため、相手の身体はあたかも柔道の秘技「空気投げ」で投げられたかのような動きを示す

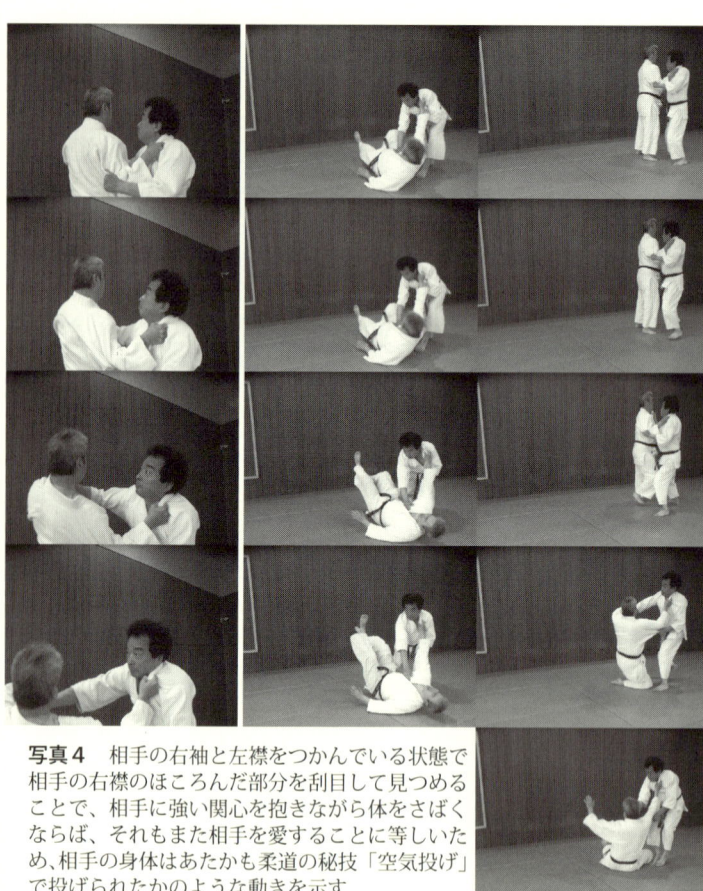

とプッチーニ作曲の歌劇「蝶々夫人」に出てくる「あーる晴れた日……」という歌声が頭の中に木霊した。

そう、舞台の上で大きな身振りや動きを示しながら声高らかに歌う蝶々夫人役のオペラ歌手の姿は、観劇に集まった人々にとって、その周囲に海軍士官ピンカートンへの愛を放っているかのように見えるのだ。ということは、「愛する」ということを女子大生達にも容易にわかってもらえるものとして、「オペラ歌手になりきって歌うときの振り付けをする」という技法が使えるかもしれない！

そんな根拠のない思いつきにさえすがる必要があった僕は、女子大生達が見守る道場の中でにわか作りのオペラ歌手となり、歌劇「蝶々夫人」でのプリマドンナになりきって大げさに両手を開きながら舞台の上ならぬ道場の畳の上をゆっくりと歩いていった。すると、どうだ。驚くことに、僕の右手を両手でガッシリとつかんで動かせなくしていた男性門人の身体が、あっという間に吹き飛ばされるかのように倒れてしまったのだ！

むろん、僕自身は単に発声なしで身体の動きというかオペラの演技の振り付けだけをまねていただけで、相手を投げ倒そうなどとは微塵も思ってはいなかったし、もちろん相手を「愛する」という愛魂の技法もまったく使ってはいなかった。それにもかかわらず両手でガッチリと押さえ込んでいた相手の男性門人が簡単に倒されてしまったとき、見ていた女子大生達は一瞬驚いた表情になった直後に全員が大笑いし始める。道場の中でオペラ歌手の振り付けをまねたわけだか

写真５　オペラ歌手が舞台の上で歌うかのような振り付けで手足を動かすならば、こちらの片手を両手でガッシリとつかんでいた相手は、まるで「愛魂」の効果でのように大きく崩れて倒されてしまう

写真6　歌劇「蝶々夫人」の蝶々夫人役を演じる女子大生の振り付け

ら、確かに滑稽といえば滑稽な姿ではある。だが、笑い転げている女子大生達の表情は単に滑稽だから笑っているというものではなく、何か心の奥底から解放されたかのような赤ん坊が見せる笑顔に映っていた。

さらに驚いたのは、模範演示を見守っていた女子大生達だけではなく、僕の相手をしてくれた若い男性門人までもが畳に投げつけられたというのに実にいい笑顔で起き上がってくる。これは明らかに「相手を愛する」という「愛魂」の技法で投げられたときの倒された相手の反応と同じだ。ということは……、そう、「オペラ歌手になりきって歌うときの振り付けをする」ということが「愛する」ということの代替技法となる！

直感的にそう確信した僕は、さっそく女子大生達にオペラ歌手となって蝶々夫人の役で歌うかのような振り付けを即興で示した上で、各自にその動きを練習してもらった。

もちろん急にそんなことを要求されてしまったわけだから、女子大生達も最初はぎこちない雰囲気だったが、何回かやっているうちに一人二人は役回りに没入できてきたようだ。そこで、「立ちの呼吸法」という投げ技の稽古を始めた。

片腕を手首のところで稽古相手の一般の男性門人に両手でガッチリとつかまれてしまうわけだが、うまくオペラ歌手になりきれた女子大生はそれでも見事に相手を投げ倒してしまう。中には甲高い声で本当に歌いながらの振り付けで完全にオペラ歌手になりきっている学生もいて、道場の中がさしずめオペラの稽古場になったかのような雰囲気になっていった。

そうやって稽古を進めていくうちに、この代替案は「強い関心を抱く」という「愛する」ことの代替案よりも、女子大生たちに受け入れてもらいやすいということに気づいた。それだけでは、ない。そうやって舞台の上で役を演じているかのような女子大生達は、全員が異口同音に「これなら合気道の稽古が楽しくなる」と喜んでいるのだ。そんなとき、誰ということなく

「まるでダンシング合気道だね」

写真7　小柄な女子大生であっても、オペラ歌手の振り付けで手足を動かすならば、一般の男性門人相手に「立ちの呼吸法」を簡単に行うことができる

といい出してもいた。

そう、この僕にはオペラ歌手の振り付けとしか思い浮かばなかった「愛」の代替行為が、女子大生達の目から見れば「ダンスを踊る」ということになっていたのだ。愚かにも、それが極めて意味深い重要なキーワードだなどということにまったく気づけていなかったため、その「ダンシング合気道」は一ヶ月後には興味の対象ではなくなってしまい、道場ではその後誰も省みることはなかった。

今から思えば、偶然とはいえ「舞祈」というゴールに肉薄していたわけだが、残念ながらこのときはまだ時期尚早だったようだ。実際、何らかの神意の現れであるかのような、ゴールへと向かう天からのお導きがあったわけではなかった。むしろその頃からは、エスタニスラウ神父に授かった「愛とともに相手の魂を自分の魂で包む」という「愛魂」の技法によって、いったいどういうからくりで襲いかかる敵の身体があり得ないような体勢から崩れることになるのか、つまりどのような原理によって日本武道の秘奥に位置する秘伝技法「合気」と同じ効果が実現されるのかということに興味が向いていっていた。そんな物理学者根性に流される形で、「ダンシング合気道」という視点に立って「合気」を熟考するという千載一遇のチャンスを逸してしまったわけだ。

二　空白のコンマ五秒と合気

その頃に僕が「愛魂＝合気」の基本的な作用原理について理解したいと強く願うようになったのは、その数年前から何冊かの意欲的で興味深い内容の著作（前出）によって公表されてきた炭粉良三氏による「合気の作用機序」についての革新的な仮説（以後「合気炭粉仮説」あるいは簡単に「炭粉仮説」と呼ぶ）に対して、科学者の端くれとしては大いに納得してはいるものの故エスタニスラウ神父様に伝えていただいたキリスト由来の活人術「冠光寺眞法」の法灯を継ぐ者としては、どうしても腑に落ちない点があるからだった。それは、炭粉仮説の中枢にあるアメリカの脳科学者ベンジャミン・リベット博士が実験的に見出した人間の脳の精神作用に見られる「空白のコンマ五秒」の存在に他ならない。

脳組織が生み出す意識が視覚や聴覚などの感覚器官をとおして入ってくる外部刺激を外界認識として取り込む場合や、身体内部のさまざまな生化学反応から生まれる自発的な制御条件付けの刺激を意志として取り込む場合には、コンマ五秒程度の脳内処理時間を必要としている。たとえば、前者は日常の中で時間を知ろうと腕時計を見やったとき、時計の盤面での時針の位置を視覚認識として意識に上らせるまでにコンマ五秒という決して一瞬とはいえない時間が必要だということを示している。にもかかわらず、我々の意識はそんなコンマ五秒もの遅れを認識することなく、まるで腕時計を見た瞬間に時間を正しく認識できているかのように生み出されていく。

また、後者においては、あるときふと大声で歌いたくなったためにすぐにそうしたなどと自分自身信じているのだが、実はそのコンマ五秒前に無意識のうちに自分が大声で歌いたくなるように脳が事前に働いていたということになる。つまり、そのとき自分の意識で「大声で歌いたい」という願望の発現があるコンマ五秒前、即ち自分自身では未だ「大声で歌いたい」などと微塵も思っていなかったとき、自分の脳組織は既に「大声で歌いたい」と思い始めるようにするために動き出しているのだ。

そして、両者の場合に共通するのは、そのコンマ五秒というそれほど短くはない空白の存在をまったく意識することができないという事実。何故なら、脳自体が実に巧妙に意識を組み立てている、いや、ある意味ねつ造しているため、我々はそんな大きな空白が存在することすら気づくことができないのだ。その結果、我々の脳はスーパーコンピューターよりも速く情報を処理するため、外界認識はほとんど瞬間的に行われているなどと盲信してしまう。

だが、リベット博士が実験的に見出したこの事実が明らかにしてくれたことは、我々人間が己が今生きていると意識している世界が実は既にコンマ五秒前の過去の世界にすぎないということ。いい換えれば、過去の世界に閉じ込められているにもかかわらず、脳がその事実を隠すように認識をねつ造することで、今この瞬間に生きていると信じ込まされているのが人間という存在なのだ。

しかし、にわかには信じがたい話だ。そもそも、コンマ五秒もあればマウンドからプロ野球の投手によって投げ放たれたボールは、既にキャッチャーミットに収まってしまう。ということは、投手の手を離れた後のボールが空中を飛んでくる様子を打者が視覚認識した上でバットを鋭く振ってみたところで、すべては後の祭り……。ボールがベストなヒットポジションに飛び込んできたと自分の意識に浮かび上がってから振り抜いたバットは、必ず空を切ってしまうのだから。

だが、強打者の場合はかなりの割合でボールを打ち返すことができているし、伝説に残る「打撃の神様」元巨人軍の川上選手の場合には、ボールが止まって見える瞬間さえあったという。もちろん素人の打者がプロの剛速球投手に向かっていった場合には、予想どおり完全な振り遅れとなってしまう。つまり、普通の人間は飛んでくるボールの球筋を見極め、狙いを定めてバットを振っているためどうしても意識に取り込むためのコンマ五秒の時間がかかってしまうのだが、強打者と呼ばれる人達の場合には、意識に取り込む前に身体が動いてベストタイミングで見事にボールをバットのヘッドで捉えることができるのだ。

プロのスポーツ選手と素人の違いが、まさにそこにあるといってもよい。

いい換えれば、投げられたボールが猛スピードで向かってくるという事象が起きている物理現象の世界に比べ、人間が意識に取り込んで認識している認識現象の世界は、ほとんどの人にとってコンマ五秒だけ「過去」の世界となっていることになる。コンマ五秒の過去の世界に生きるそんな普通の人間から見れば、自分の周囲で起きている現象はすべてコンマ五秒だけ未来の世界で起きていることになり、当然ながらうまく対処することは不可能。まさに「住んでいる世界が違いすぎる」のだ。

そして、プロの選手になればなるほど自分の認識現象の世界と実際の物理現象の世界との間の時間的ギャップが小さくなっていき、鋭く振り抜いたバットの真芯にボールを捉えることができる。

では、飛んでくるボールという純粋な物理現象を人間の意識で捉えて対処するというバッティングの場合から離れ、一人の人間が意識的に動くのを別の人間が意識で捉えて身体を用いた技をかけて投げ倒すという格闘の場面はどうだろうか？

幸いなことに格闘技で見せる手足の動きは最も速い突きや蹴りにしても野球のボールに比べれば格段に遅いため、対戦相手の実際の物理的身体運動とそれを意識で捉えて認識したコンマ五秒後の身体運動との間にあるギャップに気づく人は決して多くはない。特に柔道や相撲あるいはレスリングといった投げ技と固め技主体の格闘技では、コンマ五秒の間に相手の身体各部が動く幅は数センチ程度以下であり、互いに同じ世界の中で同時に技をかけ合って闘っていると信じて疑わないことになる。

つまり、物理現象の世界の中で自分の身体が相手の身体と組み合ったまま、コンマ五秒だけ過去の世界の中に共にいる相手と自分がそれぞれ技を繰り出していくため、両者の間に絶対的な優位さなどは存在しようがなく、結局は体力に勝る者が勝つことになってしまう。だが、このような状況において、もし一方の人間だけがバッティングのときのプロの強打者のように、周囲の物理現象の世界と自分自身が認識する世界との間のコンマ五秒のギャップがなくなってしまったとしたら……。そう、対戦相手が生きる世界から見てコンマ五秒だけ未来の世界に生きることになるこちらが繰り出すさまざまな投げ技を、微妙な筋肉の動きで封じてくることができないため、いとも簡単に崩され投げ倒されてしまう。

これが脳科学者リベット博士が見出した「空白のコンマ五秒」の存在に基づく、炭粉良三による「合気」の原理に他ならない。この仮説を炭粉さん自身から真っ先に聞くことができた僕は、一応脳科学についても物理学の立場から理論的に研究していたこともあり、大きな感動とともにすぐさま受け入れ、以来これを「合気炭粉仮説」と呼んで機会あるごとに各方面へ紹介していった。そのときの僕は、これで長年追い求めてきた合気の原理が解明されたと信じ、もはやこれ以上に考察を積んでいくことは無用とまで己にいい聞かせていたのだ。

だが、そんな確信に満ちた思考の奥底で、何か得体の知れないところから発せられたつぶやきがくすぶっていたのも事実。

「何か違う！」

そう、何か違うのだ……。いったい、何が？

それがはっきりとわかってきたのは炭粉仮説を初めて聞いてから一ヶ月ほどしてからのことだが、要するに炭粉仮説には「愛」がない！　そう、日本武術の究極奥義としての「合気」の作用原理としては正しいかもしれないが、この僕が三原の隠遁者様から受け継いだキリスト伝来の活人術である「愛魂」の作用機序とは無縁のもの。そんな確証が湧いてきたのだが、といって何か根拠のようなものがあってのことではない。ただ、何となく……といった、実に頼りない感覚でしかなかった。

エスタニスラウ神父から授かった「愛とともに相手の魂を自分の魂で包む」という「愛魂」の技法。それと武道の秘伝技法「合気」とは、襲いかかる敵の身体があり得ないような体勢から崩れるという効果においては類似のものであっても、根本的なところで本質的にまったく異なるものであるという可能性を、僕自身受け入れる準備が整っていったのかもしれない。

それだけでは、ない。これもまた神の予定調和だったのかもしれないが、実は「合気炭粉仮説」に立脚した脳科学的な技法では敵を愛することで実現する「愛魂」の技法によって実現されていた体験を再現することができないことにも気づかされたことがあったのだ。

科学者の端くれとしてはこの「合気炭粉仮説」を理性の延長上で完全に受け入れていたため、当時の僕はできるだけ多くの人達に炭粉仮説を知って驚いてもらいたいと考え、

「合気現象を引き起こすためには大脳皮質での思考を捨ててアホになればよい」

といういささか短絡的な主張を展開していた。自我意識による思考を捨ててまるでロボットにでもなったかのように身体を動かすなら、そこにリベット博士が見出した「空白のコンマ五秒」から解き放たれたことにより生まれる炭粉仮説による合気の効果が出てくるというわけだ。

そんな科学者としての盲信を疑うきっかけを与えてくれたのは、売り出し中の若手関西芸人コンビ「プラスマイナス」の二人、兼光貴史さんと岩橋良昌さんだった。たまたま関西のテレビ局が制作している深夜番組で「思考を捨てて力学的な物理法則にのみ従ったロボットのような動きをすることで相手を楽に倒すことができる」科学的な武術「物理流力学柔術」を研究している変わり者の物理学者として紹介される機会があった。そのとき、番組制作スタッフと共に三日間も岡山に滞在してくれたのがプラスマイナスの二人。若手芸人代表の兼光さんと岩橋さんが岡山までやってきて「物理流力学柔術」の道場に入門して修行し、最終的に「アホになってロボットのような動きをする」技法を身につけるという内容の番組だ。

その収録の中で、ともかく「思考を捨てたロボットのような動作」に徹することで本当に襲いかかる敵の身体があり得ないような体勢から崩れることになるのかを検証することになり、柔道や空手をやっていた岩橋さんがこの僕を相手に殴る蹴る何でもありの試合をやることになった。まあ、その時点では「合気炭粉仮説」を信じてやまなかった僕は、本当に思考を捨ててアホになれば体格のよい若者相手でも「合気」の効果によって簡単に倒せると思っていたのだ。

だが、大脳皮質で考えることをやめてしまう、つまりアホになってしまうとこちらはいわば棒立ちの状態で、ほとんどサンドバックと同じになり岩橋さんの突きや蹴りはおもしろいようにヒットしてしまう。逃げたり捌いたりすればよいものを、あるいは何らかこちらからも反撃すればよいものを、何せ思考を放棄してアホに徹しているとそんな基本的なことさえできなくなっていたのだ。そんなわけで、かなりの数の突きや蹴りをまともに喰らってしまったのだが、その割にはダメージはほとんどないし、基本的にこちらは何もしていないのだから疲れることもない。そのうち疲労してきた岩橋さんの蹴り足が引っかかったタイミングでブラジリアン柔術のようにタックルからマウントポジションに持ち込んで勝負をつけたのだが、その動きはちょうどその頃に興味を持って無意識でできるように身につけておいたものだった。

試合が終わって、後でゆっくり考えてわかったことだが、思考を捨ててしまうことで相手よりもコンマ五秒未来の世界に立てるという炭粉仮説による合気の効果は、まさに諸刃の剣となるのだ。確かに対戦相手はコンマ五秒遅れの世界で闘っているため、相手が放つ突きや蹴りはどれもが微妙に的外れとなってこちらの身体にはほとんどダメージを与えない。その意味では、相手にとってこちらは非常に不気味な存在となり、徐々に体力を失うとともに攻撃心をも失っていくということで、相手を制圧できることにはなる。

だが、思考を止めているということは、実際問題として相手の攻撃を避けたり受け止めたりする動き、さらには相手を崩して倒す動きをしたくとも何もできず、結果として棒立ち状態に近い雰囲気で相手の攻撃をまともに受けてしまうだけの受け身的な試合運びに終始してしまう。これでは、武道の究極奥義と目される「合気」の姿からはほど遠い印象しか残らないはず……。

何も、僕だけに限ったことではない。こうして三日間みっちりと修行した岩橋さんは、番組の中で後日大阪のフルコンタクト空手の支部長クラスの高段者相手にスパーリングをさせられることになったのだ。その一年前に対戦したときには秒殺で簡単に倒されていた相手であり、その後空手の稽古はまったくやっていないにもかかわらず、何と岩橋さんは通常の試合時間をはるかに越えた十二分間を闘い抜き、むしろ後半では優勢に試合を運んでいた。試合後にご自分でも驚きながら彼がマイクに向かって語っていたのは、相手の突きや蹴りが自分の身体に当たるには当たるのだが何故かダメージがほとんどなかったということ。

そう、岩橋さんもまた思考を捨ててアホになることで対戦相手よりもコンマ五秒だけ未来の世界に生きていたため、コンマ五秒過去の世界から放たれた突きや蹴りはすべて微妙に外れていたのだ。だからこそ、その一年前に同じ相手とスパーリングしたときには岩橋さんも相手と同じ世界に生きていたために突きや蹴りがクリーンヒットして秒殺されてしまった高段者相手に、今回は対等以上に闘うことができたわけだ。

それはそれで、驚くべきことではある。

しかし、「愛とともに相手の魂を自分の魂で包む」という「愛魂」の技法が示す、あの摩訶不思議としかいいようのない効果に比べれば、この「合気炭粉仮説」に則った「思考を捨てる」という脳科学的な技法による効果は極めて稚拙なものに映らざるを得ない。そう、この僕自身が初めてその異次元の効果に驚愕した、あの夏の日の岡山での記念すべき「愛魂」初陣の試合内容に比べれば……。

三　空手家の挑戦

三原の北に位置する広島県の山中で隠遁生活をしていたスペイン人神父マリア・ヨパルト・エスタニスラウ神父様に授かったキリスト伝来の活人術技法である「愛魂」の存在を初めて公表したのは、二〇〇七年の暮れに出版した拙著『合気開眼――ある隠遁者の教え』においてだった。それまでは女子大生相手に毎週土曜日の午後を使ってこの「愛魂」技法に立脚した活人武術を稽古していた岡山の野山道場に、全国から合気修得を目指す男性武道家達が訪ねてくるようになったのは、その本が世に出てからのことだからもう七年ほど前からだ。

当初からそれぞれ佐賀県、広島県、神奈川県から熱心に通い続け、今では師範として後進を導いてくれている鳩山泰彦さん、恒籐和哉さん、八頭芳夫さんの三羽がらすは僕以上に「愛魂」を得意とするところまで成長してきた。彼等より後に入門した方々の中にも、もちろんすばらしい人材が目白押しで、互いの進歩に刺激を受けながら「愛魂」の技法を磨き上げていることはいうまでもない。いつの間にか既に延べ五百名を越えてしまった門人達だが、その中で最も印象に強く残っている者を一人だけご紹介するとしたら、僕は躊躇なく炭粉良三という人物を取り上げる。

そう、我々人間の思考に不可避なコンマ五秒の空白が合気の効果を生み出すという「合気炭粉仮説」の生みの親であり、その他の門人達は全員が少なくとも表面上は最初から僕に教えを請うために道場を訪ねてきてくれていたのとは対照的に、長年厳しい修行をしてきたフルコンタクト空手の突き蹴り一発で畳の上に沈めてやるという挑戦者の雰囲気を全身から発散させていた炭粉良三その人だ。

忘れもしない二〇〇八年七月の金曜日、まさに真夏の太陽が冷徹に照りつける日の午後、その男は岡山にやってきた。当時から岡山の野山武道館で開いていた道場の稽古日が土曜日だったため、ご自身の空手道場での稽古日と重なってしまうので平日の午後に特別に「稽古をつけてもらえないだろうか」との依頼によるものだ。実はその年の春三月に既に最初の出会いを果たしてはいたのだが、その折りに乞われるままに炭粉さん相手に「突き倒し」や「合気上げ」さらには「割り箸による合気上げ」までもご披露していた。

神戸の御影にある弓弦羽《ゆずるは》神社でのことだったが、大阪梅田の大型書店で待ち合わせをした眼光鋭い初対面の男に私鉄電車で案内されていく様は、周囲の乗客の目には哀れに映ったに違いない。よくて所轄警察署の現場でたたき上げてきた刑事に連行されるしょぼい窃盗犯、悪ければ組員に因縁を付けられて暴力団事務所に引っ張られていく情けない男といったイメージだったのだから。

桜の花が舞い散る参道の先にあった信徒館のような建物二階の和室に連れ込まれ、空手家は流派のマークが輝く使い込んだ空手着に擦り切れかけた黒帯を締める。

僕はといえば、一応は求めに応じて持参した柔道着に着替えたものの、映画の中で悪役空手家と対決しようかという姿三四郎の凛々しさとは無縁の、まるで蛇に睨まれた蛙のごときありさま。いったいこれからどうなっていくのか、はたして今日という長い日が無事に終わりいつものように明日になってくれるのか⁉　とてつもない不安を抱えてしまった己の心は敵前逃亡を企て、後にはゾンビと化して棒立ちとなった自分のみが残り、まずは「突き倒し」が本当にできるのか俺を相手にやってみせろ、その次には「合気上げ」さらには「割り箸による合気上げ」を暴いてやると気色ばむ相手のいいなりとなって無表情に反応するのみ。

二階の和室は十六畳を襖で半分に仕切る形となっていたため、中央の二枚の襖は開いた状態だった。そのため、炭粉さんは八畳間となっていた半分の部屋の中央に、腰を落として足を床の対角線方向に前後に開いた安定な状態で立つ。前からどんなに強く突かれても絶対に崩れることのない、盤石な体勢だ。さあ、突いてみろとばかりに目で促されたとき、亡者となっていたはずの僕はふと我に返る。何も根拠はなかったのだが、このままでは炭粉さんのずっと後ろにある襖が破れてしまうと急に不安になったのだ。

間髪を入れず、僕は炭粉さんに声をかけながら、後ろの襖を外し始める。え、そこまでは必要ないでしょうという雰囲気の彼は、憮然としながらも手際よく襖を片づけてくれた。広い十六畳の間ができたところで自分の背中側にだだっ広く開いた床を一瞥した炭粉さんは、まるで「どうせ倒されることなどないのだから、無駄に隙間を広くするなど笑止千万」とでもいいたげに、「さあ、ご随意に！」と盤石の体勢から両手を前に突っ張り出す。

写真８　突き倒し

パシーン……ではない。まさにポヨーーンという擬態語がふさわしい、これ以上ないほどに軟弱な正拳突きが相手の掌に当たった。その瞬間、何も起きない……。突きを放った僕の頭には、「やはり鍛え上げた空手家相手には無理な話だったのか……」という弱音が首をもたげ、相手の空手家のほうは表情がこわばったまま虚ろになった瞳だけが空を追っていた。まさに時間が凍り付いたかのように無限に長く感じたその一瞬の後、炭粉さんの口を衝いて出てきた素っ頓狂な関西弁が部屋の中にこだまする。

「わーっ、な、な、なんや、これは……!!!!」

気がつくと、盤石の体勢で僕のへなちょこな正拳突きを受けても微動だにしなかったはずの空手家の身体が、まるで足腰が瓦解するかのように後方に激しく倒れていく。しかも、後ろに充分に残していた畳の広さのすべてを使いきって、壁にぶつかる直前のところまで飛ばされていたのだ。倒れてもなお、驚きの言葉を発しながら。

「ひ、ひ、膝と腰の力が抜けてしまった……こ、これが合気なのか……!!」

よくは、わからなかった……というのがそのときの僕の偽らざる心境だ。わけもわからないうちに、盤石だったはずの空手家の身体が部屋の奥隅にうずくまっていたのだから、無理もない話ではある。その後、炭粉さんがこの「突き倒し」の技を二度三度所望されたのか、あるいは一回で納得されたのか、僕はどうしても思い出すことができない。それほどまでに、茫然自失となっていたのかもしれない。目の前に展開されたあり得ないような状況を前にして……。記憶に残っている次の場面では、幾分納得した表情の炭粉さんがお正月に使うような立派な割り箸を鞄から取り出しているところだ。

「突き倒しは本当でした、ありがとうございます。次には、是非とも合気上げと割り箸による合気上げをお見せ願いたい」

突き倒しの効果を身をもって知ったはずの空手家は、だがまだ気持ちの中では僕が放った軟弱極まりない突きを受けて痛くも痒くもなかったときに、たまたま膝の力が抜けて後ろに崩れ落ちて不覚を取っただけだと思い直すかのように、語気を強めていった。再び蛇ににらまれた蛙にもどった僕は、いわれるままに正座する。「オッス、失礼します」威嚇するかのようなかけ声とともに、炭粉さんが僕の手首をガッシリとつかんで押さえ込んできたとき、気の弱い僕は情けなさではちきれそうになっていたのかもしれない。

もう、どうでもよかったのだ。この居心地の悪い雰囲気の中から、一刻も早く脱出したい……頭の中にはそれしかなかった。さっさと終わらせたい、そんな一心で僕は押さえ込まれていたはずの両手を力なく上げていく……。

「エ、エ、エーッ!!!!」

空手家の驚愕の声が再度こだまする。「合気上げ」を初めて体験し、高々とつま先立ちさせられる姿勢に至るまで上げられた炭粉さんの魂の叫びだった。

これも、本当だった!! そう確信できたのか、急に輝き始めた眼を僕のほうに向けながら、その後も数回にわたって全体重をかけて手首を押さえ込んできた。何回やっても同じで、そのたびに空手家の身体はつま先立ちの位置まで上げられてしまう。

「うーむ、合気上げというのはなるほど不思議な技です。よくわかりました。では、最後に割り箸による合気上げをお願いできますでしょうか」

気のせいか言葉づかいが最初より丁寧になってきた感のある炭粉さんは、脇に置いていた高級そうな割り箸一膳を袋から取り出して手渡してくる。突き倒しも合気上げも何とかこなすことができ、やっと冷静な自分を取り戻すことができていた僕は、パシッと音を立てて割り箸を割った。これで、もっと驚かせてやろう……気持ちの余裕を取り戻しつつあった僕は、少しだけ有頂天になり始めていたのだろう。案の定、一回目も二回目もミリッという音とともに割り箸が折れてしまう。

幸い割り箸はもう一膳用意されていたので、三度目の正直で仕切り直しをする。これ以上失敗

写真９　合気上げ

するわけにはいかないと思った僕は、まずは普通の合気上げを炭粉さん相手に何回かやらせてもらうことにした。自分でも理由はわからなかったのだが、合気の感覚がより研ぎ澄まされるとでも考えていたのかもしれない。実際にはどうだったのかはわからないが、ともかく普通の合気上げを立て続けにこなした直後に割り箸を割り、一本ずつを左右の手に握った。

炭粉さんが座ったままでそれぞれの割り箸の先を両手でつかみ、さあ上げて見せろと吠えんばかりの気迫を出してくる。ところが、前二回のときとは違って、今回はそんな相手のことなどまさに眼中にないといった状態のままで両手を上げることができた。刹那、

「えええええ、えーーっ!!!」

という、割り箸でつり上げられたままでつま先立ちとなった空手家による感嘆の声が部屋中に響きわたる。

ついに完全降伏したのか、空手家はしきりに「ホンマやったんや……ホンマに……」と独白しながら外しておいた襖を元の位置に戻し、片方の部屋で着替えを始めた。これでやっと解放される！　喜んだ僕も、襖を挟んで柔道着を脱ぎ、いつものジーンズにポロシャツといったラフな服装に戻る。

こうして、桜花散る神戸は御影の神社境内。そこにおける空手家との対決初戦は、すべてこの僕がいつも稽古でやっている「突き倒し」と「合気上げ」、さらには時折座敷芸として披露することもあった「割り箸による合

写真 10　割り箸による合気上げ

気上げ」に限定するという一方的に有利な条件の下で行われ、その結果として軍配が僕に上がった。その意味で、炭粉さんを完全に引き下がらせる状況には至らなかったのだ。その日の対決では……。

四　闘いの直前に閃いた合気の真意

その後数ヶ月の間、空手家・炭粉良三の頭の中では大いなる疑問が沸き立ってきていた。そう、あのような限定的な状況下で不思議な崩し効果をもたらす合気という神秘の技法ではあっても、実際にフルコンタクト空手の試合やスパーリングでのような突きや蹴りの自由攻防の場面ではおそらくほとんど役には立たないはず！　もし、フルコンタクト空手の試合ルールの下での真剣勝負に持ち込むことができたなら、ローキック一発で合気など完全に粉砕し、一瞬で相手を畳に沈めてやる！　いくら合気などという目眩ましに頼ったところで、長年のトレーニングで鍛え上げた身体から放つ一閃の蹴りを喰らえば悶絶して倒れ込む以外に道はないという明らかな事実を教えてやるのが武道家の務め！

そんな考えが例年にない暑さとともに最高潮に達した七月の金曜日午後、炭粉良三は岡山の野山武道館にやってきた。「個人的に稽古をつけてもらえないだろうか」との依頼が事前にあったのだが、わざわざいつも門人が稽古に集まる土曜日を外してやってきたのは、門人達の目の前で空手家に瞬殺されるなどという恥だけは僕にかかせたくないという彼一流の優しさ故のことだったに違いない。
だが、道場は無人ではなかった。柔道場と壁なしで接している剣道場の板張りの床では、年輩の男女数名がゆっくりとした音楽に合わせて太極拳の動きを練習していたのだ。まあ、健康維持のために太極拳をやっている武道とは無縁の老人達であれば、これからたった一発のローキックで悶絶しながら畳に沈む場面を見られたとしても、この僕の名誉が傷つくことにはならないだろう……。当初からの決意を秘めたまま、更衣室で使い古した空手着に着替えた炭粉さんは、これまた使い込んでボロボロになった黒帯をピシッと音を立てるようにして絞める。

「オス、お願いします！」

柔道場の畳の上に立つなり、空手家は大声でいい放つ。それがまるで催眠術の始まりを告げる合図であるかのように、虚ろになった眼の僕は急に思考不能状態に陥る。この異常な暑さの中で、空手家にいったいどんな技を教え込めばよいのか……。それに、「稽古をつけてくれ」との依頼だったが、道場で門人相手にいつもやっている型どおりの約束稽古などで納得するとは思えない気迫と挑戦的な目つき。
何ヶ月か前の神戸でもそうなったように、極度の緊張と不安により敵前逃亡を企てた己の思考の代わりに、心の奥深く幽閉されていた魂が前面に出てくる。その結果、他に武道関係者がいたならあまりの暑さで頭がおかしくなったのではないかと考えてしまうような言葉が、僕の口を衝いて出る。

「こんな暑さではいちいち初歩の技からお伝えするのも面倒です。どうでしょう、空手の試合のように突きでも蹴りでも自由にどんどん繰り出して攻撃してきていただけますか。むろん、寸止めではなくフルコンタクトのルールでかまいません。今まで一度もやったことはありませんが、そんな本気の攻撃に対してどんな技で対処するのかをお見せするには一番手っとり早いと思いますから」

消えつつあった冷静な自分というものの意識の片隅で、「えっ、この俺は何をバカなことを提案しているんだ！」という慌てふためいた声がこだましていたのだが、相手の空手家は一瞬「ほーっ、意外に根性だけはあるのか」とわずかに感心したかのような目つきになったかと思うと、

「オス、望むところです！」

といい放つが早いかフルコンタクト空手特有の構えで臨戦態勢に入る。今さら取りやめてくれというのも男としては情けないことこの上ないし、たとえ僕が何をいおうがもはや相手の耳には何も入らな

い雰囲気があった。

こうなったら明らかな自殺行為ではあっても、ともかく目の前の空手家との闘いを始めてしまわないかぎり今日という日は永遠に終わらない……。そう覚悟を決めてはみたのだが、それまでフルコンタクト空手の選手がどんな闘い方をするのかさえまったく知らなかった僕は、何をどうやっていけばよいのか皆目見当もつかない。せめて相手のように拳を握った両手で顔面をカバーしながらジリジリと間合いを詰めていけばよいのだろうが、慣れないことをしてみても生兵法で大怪我をするのが関の山。それに、僕にはもう思考能力は残ってはいなかった。

もう、どうにでもなれ……。偽りのない、正直な気持ちだった。ここまできたなら、もうボコボコにやられるしか今日を終わらせる方法はないのだから。そうあきらめきったかのような僕は、何ら防御姿勢をとらないまま、まるでいつもの小道を散歩するかのようにスタスタと歩いて相手に近づいていった。

ただ、自分が完全に無防備なまま自滅へと向かいつつあるというにもかかわらず、恐怖感も緊張感もまったく湧いてこないどころか、むしろとても穏やかで静まり返った心持ちになっていく。僕自身驚いたというか、不思議でならなかったのだが、視野の中でどんどんと近づいてくる空手家の存在が急に愛おしく感じられるようになり、何故かまるで我が子であるかのように思えてくる。そう、愚かにも親に反抗してくる放蕩息子をも歓喜とともに迎え入れる親の気持ちかくありなんといった、すべてを受け入れる慈愛に満ちた超越的な内面が実現していたとしか考えられないのだ。

誤解を恐れずにあえて高慢な響きを誘発しかねない表現を使うならば、そのときの僕には生きとし生けるものすべてを愛おしく見守る神の魂が宿っていたのかもしれない。そう、まさに神の愛そのものがこの僕の視野をとおしてすべてのものに降り注いでいるかのようだったのだから。

ここでひとつ注意しておかなくてはならないのは、既にその頃からこの僕が操れるようになっていた「愛とともに相手の魂を自分の魂で包む」という「愛魂」の技法における「愛」の感覚とはまったく異なる、異次元の愛の感覚だったということだ。キリスト由来の活人術としてスペイン人神父から授かった「愛魂」で用いるのはあくまでこの僕自身の「愛」であり、僕という限られた存在が放つ地上に束縛されたチンケな愛でしかない。ところが、空手家に向かって無防備に近づいていたときに僕という存在をとおして空手家をはじめすべてのものに無条件に放たれていた「愛」は、まことに天上から降りてくる至高の調べのごときものだった。

むろん、その後さまざまな場面で見えない世界からの導きの数々をいただくことができた今現在の自分から振り返って初めてわかったことだが、あの空手家との対戦はこうして合気についての真の理解に到達するためには必要不可欠なものだったのだ。そう、我々人間はすべからく神の愛を地上へと降り注がせるゲイトや戸のような存在であり、そのゲイトや戸を開け放つことにより周囲のすべてに神の慈愛が降り注ぐようになることが「合気」の真意。つまりは「神人合一」という人類に与えられた秘宝。

それによって実際にどのような現象がこの地上に生まれるのかについての僕の初めての体験が、次節で書き下していく空手家との闘いの一部始終となるのだが、その前に少しだけそのような役目を持つ存在としての人間そのものについて考えてみたい。

神の慈愛を地上に、即ち眼前のすべてのものに降り注がせるゲイトが人間だとすると、古事記にある天の岩戸開きの話が大きな意味を持ってくる。神様が天の岩座に隠ったために地上には神の慈愛である光が降り注がない。そこで天の岩座を塞いでいた天の岩戸を押し開き、再び地上に光を取り戻すという神話だが、これは戸を閉じているために神の慈愛が降り注がない状態の人間に対する戒めなのではないだろうか。そして人間たるもの、すべからくいつ如何なるときにおいても神の慈愛を地上へと導く開かれたゲイトでなくてはならないのではないだろうか。

開かれた神の戸、つまり「神戸（こうべ）」からは神の慈愛が光となって降り注がれることになるのだが、そのような状態の人間は古今東西を問わず頭の後ろに光輪があるように描かれてきた。頭のことを「こうべ」と発音するのは、それがまさに「神戸」であり、神の慈愛が天上からこの地上へと降り注ぐポータル、いわば「ヘブンゲイト（Heaven Gate）」あるいは「スターゲイト（Star Gate）」そのものだからではないだろうか。

我々がこのヘブンゲイトを開け放つこと自体が「合気」であるならば、天の岩戸開きの神話が教えてくれるように、そのきっかけは天の岩戸の前で神に捧げられた舞姫の踊りとなるのかもしれない。

写真11　ファティマの聖堂にある聖母マリア像の光輪

これについては、いずれ節を改めて論じていくことになる。

思えば高校生のときにＮＨＫテレビのドキュメンタリー番組で合気道の開祖・植芝盛平翁の信じられないような投げ技を目に焼き付けた僕が、その後偶然にも通学途上に岡山市内で「光輪洞合気道」という看板が掲げられた古い民家兼道場を見つけたことがある。興味を持って何度か足を運んだのだが、いつも不在で結局そのときは合気道に接することはできなかった。しかし、考えてみれば「光輪洞」という流儀の名前は、天の岩座を表す「洞」の戸を開け放つことによって「光輪」が輝き周囲のすべてに神の慈愛が降り注ぐようになるという「合気」の真意を、見事に物語っているではないか。恐るべしは、戦前の日本武道の中枢機関だった武徳会に初めて「合気道」の呼称を登録した武道会派、「日本光輪洞」を起こした平井稔翁かもしれない。

当然のことながら、先人達は「合気」の真意を重々承知していたに違いないのだ。古神道に継承されていたさまざまな秘儀に接する機会にも少なからず恵まれていたため、神降ろしによる「神人合一」の秘法としての天の岩戸開きの真意も理解していたはずなのだから……。

五　闘いの中での出来事に学ぶ

話を空手家との闘いの直前の時点に戻そう。

覚悟を決めた僕は、両腕をだらんと降ろしたまま無造作に相手に向かって歩いていったのだった。そして、恐怖感も緊張感もまったくない、穏やかで静まり返った心持ちになっていくと同時に、視野の中でどんどんと近づいてくる空手家の存在が急に愛おしく感じられるようになるだけでなく、生きとし生けるものすべてを受け入れる慈愛が満ち溢れてきたのだ。まるで神の愛がこの僕をとおしてすべてのものに降り注いでいるかのように感じた瞬間、視野の中で極端に大きくなった空手家の左胸に手が楽に届くところまで接近していた。刹那、空手家は右足で下段への回し蹴りを放ってきたのだが、その蹴りのスピードときたら何故かまるで蝿が止まるかのように鈍い。

えっ、フルコンタクト空手の指導者クラスの猛者といえども、その蹴り技はこの程度のものなのか?!　いいや、そんなわけがない。きっと最初に放たれたこの下段回し蹴り（ローキック）は様子見の空打ちなので、ゆっくりと入ってきているにすぎない。そのフェイントのローキックをかわすようにして相手の懐深く入り込んでしまったのは、空手家の罠にみすみす落ちたようなもので、次には左の鉤突《かぎつ》きがこちらの脇腹に炸裂するはず！

そんな相手の作戦が何故か瞬時に読めた僕は、落ち着きはらったままで空手家の左手を見やった。案の定、左肘を直角に曲げた腕のまま鍛え抜いた拳を、僕の右脇肋骨最下部に向かって既に打ち込み始めていた。「やられた！」一瞬覚悟を決めたのだったが、気がつくと空手家の拳はまだ脇腹には到達していない。わずか二〇センチ程度しか離れていないところからの渾身の鉤突きは、本来ならばコンマ二秒もかからないで打ち込まれる。なのにその拳は未だ放たれた直後の位置にあった。

不思議に思った僕は、そのまま空手家の拳と腕を凝視する。鍛えた腕の張りからして、空手家は確かに渾身のスピードで鉤突きを放っているように見える。ところが、フェイントの空打ちと思われた最初のローキックと同様、二打目の鉤突きもまた、まるで水飴の中で腕を振り回しているかのように遅い。いったい何がどうなっているのか、思考が混乱し始めた僕がふと目を上げると、己が力一杯打ち込んだはずの拳が何故か相手の脇腹に近づけば近づくほどスピードが落ちてしまうという事実に大いに困惑している空手家の顔があった。

空手家は額からもかなりの汗を流しながら、驚きの表情で自分の左拳を見つめ、一刻も早く左鉤突きの拳を僕の右脇腹に到達させようと必死でもがいているにもかかわらず、そのスピードは本当に蟻が這うかのようにしか僕には思えなかった。とはいえ、このままではいつかはなにがしかの鉤突きをくらってしまうことになるので、僕は空いていた自分の右手で空手家の左拳を軽く受け止める。そのとたん、フルコンタクト空手についてはまったくの素人でしかない僕が一撃必倒のローキックをかわしただけでなく、懐に入っていった僕の右脇腹めがけて素早く放たれた鉤突きをも簡単に右手で封じてしまったことが空手家には想定外だったのか、鳩が豆鉄砲をくらったかのような目をこの僕に向けてきた。

むろん、同時に自分の腰を全力で前に押し出すようにして僕の弱々しい右手で受け止めた左拳を、空手家はそのまま僕の右脇腹に押し込もうとする。これでもか!……とこの僕を睨みつけながら……。日々の筋力トレーニングを欠かしたことがないであろう空手家の力は、ところが左拳を軽く受け止めているこの僕の右手にはまったく伝わってこない。空手家がとことん力を入れてきていることは、彼の顔中から滴り落ちる大汗で見当はついていた。にもかかわらず僕の右手には微塵も響かないという事実に、空手家と同じく大いに困惑していた僕は、このいささか薄気味悪い状況に一刻も早く別れを告げたいと考え、空いていた左手の掌を空手家の右脇腹に当てて軽く押してみた。

その刹那、僕の眼前にあり得ない光景が展開する。

驚愕の表情の中にも必死の攻撃心を全面に押し出して左拳を突き込もうともがいていた空手家の顔が一瞬のうちに消え、後に残された水滴の弧を描いて飛び散る大量の汗が畳の上に落ちる前に空手家の両足が空を切ったのだ。いよいよ空手の捨て身技を出してきたのかと思ったのだが、現実は違っていた。何と、空手家の身体が腰のあたりを中心にして高速回転するかのようにして上下逆さまになった直後に、大きな叫び声とともに畳に叩きつけられていた。

「ギャー、な、なんだ、これは……!!」

まるで濡れ雑巾のように畳の上にべっとり張り付いていた身体を絞るかのように奮い立たせた空手家は、「まだまだ、もう一本!!」といい放つが早いか、再び両腕で顔面のガードをしながら殺気を秘めて距離を詰めてくる。僕はといえば、前回同様に棒立ちのままではあったし、眼前に迫りくる血走った眼の空手家の姿を見てまるで乱暴者の放蕩息子が刃向かってくるのを無抵抗で受け止めようとする父親のような慈愛に溢れていたのも同じだった。だが、二回目ということで少しは余裕が出ていたのか、そんなまるで神様になったかのような生きとし生けるものすべての存在を愛おしく思う気持ちの中に、ほんのわずかだけだったが「楽しい!」という感覚が芽生えていたようだ。

無条件に楽しい、ただただ楽しい、心の底から楽しい……などといった表現にある「楽しい」というのが最も適切だとは思えるのだが、ではこの僕自身が楽しいと思えていたのかというと、とんでもない。どういうわけか前回は空手家が全力を出さずに様子見の蹴りや突きをわざとゆっくり放ってきたおかげで、何とか攻撃をくい止めることができ、こちらが左手を空手家の右脇に当てたタイミングでその空手家がたまたま汗で濡れた畳でスリップして転んだだけとしか思えなかったのだ。二回目の今度こそは全力で攻撃してくるはずだし、現に目の前の空手家の身体からは前回には見られなかった闘気が発せられている。

当然ながら、これまでフルコンタクト空手の試合などしたこともない僕のような軟弱な人間が、そんな状況で「楽しい」などと思えるわけはない。事実、そのときの僕の頭の中は「いったいどうすればよいのか……!?」という役にも立たない考えが木霊するだけで、どちらかというとこのままボコボコに打ちのめされる運命を既に受け入れていたわけだから、「楽しい」わけがないのだ。

だが、奥底のそのまた奥底で、その「今」を無条件に楽しんでいるこの僕以外の「自分」の存在をかろうじて感じ取ることができた。自分ではない「自分」。

そう、そのときの恐怖感も緊張感もない、穏やかで静かな心の奥底に光る小さな小さな「自分」。今まさに突きか蹴りを放とうと近づいてくる空手家だけでなく、生きとし生けるものすべてを受け入れる慈愛が湧き出てくる秘奥に位置する「自分」。まるで神であるように感じる「自分」。その自分でない「自分」が、今この状況を楽しんでいる。

ということは、とんでもない状況に陥っているこの僕の成りゆきを楽しんでいるのは……神様なのかもしれない。その意味では、このとき空手家が対戦しようとしていた相手は既に僕という人間ではなく、この僕に現れてきた神だったのだ。その結果はといえば、いくら鍛え込んでいるとはいえ生身の人間でしかない空手家が神にかなうわけもなく、前回同様に激しい音を立てて畳の上に投げ倒される。

その様子を本来の自分がまるで他人事のように冷静に眺めていたのだが、その視点に立てば空手家の動きはやはり異様にのろいものに映っていた。すばやく間合いを詰めた勢いをも込めた右手正拳突きは、前回の蹴りと同様に蝿というより蚊でさえも止まりそうなスロースピードで、僕は難なく左手で空手家の右手拳を上から軽く押さえることができた。当然ながら空手家は間髪入れず第二打となる左正拳逆突きを繰り出す。だが、その逆突きもまた見ていてこちらが歯がゆくなるほど極端に遅い。半ばあきれながら、僕は空いていた右手で空手家の左手拳の上に軽く乗せてみた。すると、どうだ……。

必死の形相で次の攻撃を仕掛けようとしている空手家の姿を見やれば、何か極端に冷静さを失っている上に両手両足の自由が効かなくなりもがいているかのようだ。軟弱なこの僕が軽く手を重ねているだけで、鍛え抜いた空手家の両腕が何故か抜き差しできないのみならず、両足もまるで足の裏が畳に張り付いてしまったかのようになって足を運ぶことも蹴りを出すこともできない「死に体」となっていたのかもしれない。

こうして、第二ラウンドも簡単に空手家の攻撃をかわしてその動きを制したのだが、このままでは相手の闘争心は燃え上がったままになる。とりあえず畳の上に投げ倒して終わりにしておかなくてはと思った僕は、空手家の両方の拳の上に乗せていた右手と左手を本当に軽いタッチで五センチ程度真下に向かってポンと下げた。そのとたん「死に体」でもがいていた空手家の身体は、あっという間にお尻から畳の上に叩きつけられ、周囲には全身から放たれた大量の汗が飛び散る。

「まだまだ、さらにもう一本!!」

畳の上で頭を振って正気に戻ろうとしていた空手家は、こう叫ぶが早いか立ち上がりながら再びファイティングポーズで僕との間合いを詰めてくる。正拳突きでは先ほどのように簡単に止められてしまうと判断したのか、今度は勢いよく右膝を曲げて跳びかかりながら右膝から先の足を鋭く回す蹴りを入れてきた。なるほど、これなら初回の回し蹴りよりはすばやく蹴りを入れることができる……。だが、どういうわけかこれまた蠅が止まるようにのろい蹴りにしかならず、空手家の右膝と右足先にそれぞれ右手と左手の掌を当てて簡単に蹴りを止めることができた。

直後に右手を空手家の胸板に当てるようにして前に歩いていくと、蹴り足が上がったままの空手家の身体はたまらず後ろに弾けるように倒れ込み、畳の上には三度大汗の雨が吹き付ける。こうして第三ラウンドも一方的に終了したのだが、空手家はまだ納得できないようだ。

「くそー、もう一本!!」

後で本人から聞いたのだが、このとき空手家は何故か自分の身体の切れが悪く動作が緩慢になっていることを考慮し、小手先の蹴り技や突き技を小刻みに繰り出すのをやめて右上段回し蹴り（ハイキック）という大技一本で仕留めるしかないと腹をくくったという。狙いを定めた渾身のハイキックが放たれたとき、傍観者的な位置にあった僕の自我意識はやはり本当に遅い蹴り足を眺めながら、この空手家に自分の蹴りが自分が思っているようには鋭くはないという事実を教えてあげたほうが親切だと、よけいなことまでも考え始めていた。

その結果として、僕は空手家が全力で放ったハイキックを左手の人差し指と中指の二本だけで受け止めるという、とうてい不可能なはずの行動に出てしまう。フルコンタクト空手の回し蹴りは、固定したバットをへし折り、分厚い板を割ってしまう威力がある。従って、それを腕で受け止めようとしても、とことん鍛え込んでない限り下手をすれば腕を折られてしまう。ましてや、回し蹴りを指二本で受けるなどというのは、純粋力学的に考えても不可能というより最悪の場合指を失いかねない愚行でしかない。

そんなことは百も承知の空手家だからこそ、自分自身が渾身の力を振り絞って放った強烈なハイキックがぼんやりと突っ立ったままの僕に、左手の指二本でピタッと止められてしまったときの驚愕の大きさには計りしれないものがある。止められた右足を見つめる眼が異様に大きく見開かれていたことからもある程度は推察できたのだが、フルコンタクト空手についてはど素人の僕はいったい何故空手家がそれほどまでに驚いているのかさえわからなかった。物理学者であれば自分が力学的には無理なことをやってのけたと理解できたはずなのだが、そのときの僕は何も考えることはできない状態だったのだ。

直後、ハイキックの右足を止めた左手の二本指を立てたままにして僕は左手を軽く下げたのだが、何故か空手家の身体もハイキックで大きく降り上げた姿勢のまま宙を舞うようにひっくり返る。今度は畳に投げつけられた雑巾のように、ベチョンと大きな音を立て空手家の身体が畳に沈む。

第四ラウンドがこんな形で終わったため、そのときの僕にひとつの愚かな考えが固まりつつあった。世界最強を謳うフルコンタクト空手というのは、こうして実際に相手をしてみると何やら大したことはない……というように。蠅や蚊が止まるかのような遅い突き蹴りしか出してこないのだから、何もわざわざ敵を愛するという愛魂の技法を使ってまで相手するまでもない。そんなもののお世話になるまでもなく、こんな程度の突きや蹴りなら誰でも簡単にかわせるに決まっている。

本当に愚かの極みだったのだが、第五ラウンドも所望したいという空手家に向かって、こんなバカなことをいい放ってしまう。

「あなたはフルコンタクト空手をなさっているとのことだが、どうもご自分の突きや蹴りがそんなに速く鋭くはないということを認識する必要があるのではないでしょうか。現にそんなスピードと威力では、愛魂などといった奥の手を出すまでもありませんよ。試しに一度愛魂の技法を使わずにやってみましょうか……ただし愛魂を切ってやりますので万が一突きや蹴りをくらったらひとたまりもないので、今回だけはフルコンタクトではなく寸止めでお願いします」

それまでの四ラウンドでは「汝の敵を愛せよ」というキリストの教えに基づいた「愛魂」という活人術技法を駆使していたつもりの僕は、いつも道場でやっているように頭の中を思考優位の左脳モードにすることで愛魂を切った。そのおかげで空手家の姿はより鮮明に視野に入ってきたし、隅々まで注意深く見渡せている自分が戻ってきたことでよけいに安堵した僕は、これまで同様に両腕をだらんと垂らしてまったく無防備のまま戦闘態勢の空手家に近づいていく。空手家の突きや蹴りが出たとしても、蝿が止まるようなスピードでしかないのだから、簡単に止められるという安心感がそうさせていた。

だが、次の一瞬、まさに目にも止まらぬ速さで空手家の両手が動いたかと思うと、わずか一秒ほどの間に何発もの拳が胸から腹部さらには脇腹にまで炸裂する。「えっ!!」かろうじてそう思った刹那、右脇腹に痛みを覚える。「くそっ、寸止めしてなかったのか！」激痛と同時に、猛烈な恐怖が僕を襲ってきた。世界最強というフルコンタクト空手の威力を、まざまざと見せつけられたからだ。大いに納得し観念した僕は、白旗を揚げる代わりに空手家に向かってイヤミも入れて声をかける。

「いやー、さすがはフルコンタクト空手の猛者の突き技はすごいですね。まったく、手も足も出ませんでした。突きの速さも威力も確かに噂以上で、寸止めしてもらってもこちらの肋骨にヒビが入ったようです。これほどのものをお持ちなのに、何故さっきまではわざと手を抜いてあんなにゆっくりとした突きや蹴りばかりで攻撃してきたのですか？　こちらがフルコンタクト空手の素人だということで、手加減をして下さったとか……」

やっと本来の動きを取り戻したことを確認できた形の空手家は少しは落ち着きを取り戻したようで、攻撃の構えを解きながら真剣な表情のままで答えてくれる。

「とんでもない、この私が手加減などするわけがありません。最初から全力投球でかかっていっておりました。さすがに前の四ラウンドすべてでボロボロに投げ倒されてしまい、体力が消耗してきていたため、今回の突きなど最初の頃に私が放った突き技に比べれば威力もスピードも半減したものでしかありません。その圧倒的な切れ味の突きや蹴りを愛魂という不思議な技でことごとく封じられてしまったのは、まったくもって不可解千万です。しかし、確かに現実であることに間違いもないはずなのに、愛魂を使われなかった今回はど素人以下の相手になり下がってしまわれたわけで、今の私の頭は正直混乱の極致といったところでしょうか……。しかし、愛魂という秘技は、この情けないほど弱いど素人のような相手を、たちどころに天下無敵の達人に変貌させてしまうものだという実感が生まれつつあります」

なるほど、これまでの四ラウンドすべてで愛魂を用いていたからこそ空手家の繰り出す突きや蹴りがどれも極端に遅くなっていたし、矢継ぎ早に出せるはずの二の手、三の手の攻撃技もまた、さび付いて固まってしまったかのように感じた身体をやっとの思いで少しずつ動かすことでしか出すことができなかったというのか……!! 愛魂の効果はそういうものだったのか!!

空手家の素直な感想に耳を傾けていくうち、僕の奥底にいる僕でない僕にいちばん近いところにいる僕の魂は、キリストの活人術の根幹をなす「愛魂」即ち「汝の敵を愛せよ」という秘法についての真の理解にたどり着いていたのかもしれない。だが、それを覆い隠すかのように生まれてくる己の思考の波は、ここで真実から目を逸らせる方向へと僕を誘う。愛魂によって対戦相手である空手家の(本来は素早い)突きや蹴りが極端に遅く感じたのは、そのときに僕自身の脳の活性が強くなって、周囲の物事すべてを見る効率が倍加されたに違いないと……。
つまり、愛魂を用いると僕の頭の回転が速くなり、そのぶんだけ僕の視野に飛び込んでくる空手家の身体を含めさまざまな物体の動きがすべて一様に遅くなっていると感じるのだ……と、誤解する方向に誘導されてしまった。なるほど、リアルタイムの現象を都合よくスローモーションで見ることができるようにしてくれるのが、この「愛魂」の秘法の本来の効果なのか！　そう早合点してしまった僕は、この瞬間から「愛魂」への興味をこれまで脳科学も研究してきた物理学者としての僕自身に手渡してしまう。
自分の考えを再確認してみたくなった僕は、空手家に対して最後にもうワンラウンドだけ相手してくれるように依頼する。最後に、もう一度愛魂の技法を用いて対戦しておき、最初の四ラウンドと同じ結果が得られるかを確認しておきたかったのだ。この点だけは、物理学者根性が幸いしたことになるのだが……。

「オス！　ならば、全力でもう一本！」

第五ラウンドで復活した感のある空手家は、自分を鼓舞するように大声を出しながら素早く間合いを詰めてくる。その空手家の姿を、長年にわたって放蕩したあげく、こうして親に刃向かってくるダメな息子であるかのように感じた瞬間、それでも無条件に受け入れようとしている父親の慈愛に似た感覚が心の奥底から湧き出てきた。刹那、生きとし生けるものすべてに対する絶対的な慈愛が僕自身をとおして眼前の空手家を含む周囲のものすべてに降り注いでいく。

その父親のどこまでも深い愛を一身に受けながら、空手家の身体が勢いよく近づいてくる。鋭い回し蹴りが上段に炸裂したはずだったのだが、これまた蠅が止まるほどのゆっくりとしたスピードだったため、そのまま簡単にかわして様子を見ていた。なるほど、愛魂を使ったときにはやはり思ったとおり相手の動きがスローモーションで見えているのか！　大いに納得しながらじっとしていると、こちらに背中を見せる姿勢で蹴り足が畳に着いた瞬間に反対の足で切れ味鋭い後ろ蹴りに出てきたのだが、「ははーん、こんなフェイント技もあるのか」と感心する余裕すら生まれていた僕は、その後ろ蹴りの足刀を両手で軽く押し返す。

「グェッ、ゲフッ!!」

そんな唸り声を上げると同時に、空手家は勢いよく顔から畳に突っ込んでいった。最初の四ラウンド同様に、愛魂の技法を用いてさえいれば、フルコンタクト空手の猛者が繰り出す渾身の攻撃をかくも簡単に封じてしまうことができる！　このすばらしい事実を、こうして再度確認することができた。

それだけでは、ない。「愛魂」というキリスト活人術の作用機序を科学的に解明するきっかけとなるかもしれない、重要な発見もあったのだ。

それは、「愛魂」の技法を用いるならば、つまり自分に襲いかかってくる敵をも愛するという内面の平穏が得られたならば、自分の脳が活性化されて外界認識のスピードが上がってくるため、敵の動きも含め周囲のすべての動きをスローモーションで認識することができるのではないかという閃きだ。

そして、愛魂の効果を生み出すそのようなメカニズムについて、フルコンタクト空手のルールで対戦した空手家自身が一ヶ月ほどでアメリカの脳科学者ベンジャミン・リベット博士の研究を基にして、日本武道の秘伝技法「合気」についての科学的な説得力のある斬新な仮説を提唱する。そう、我々が今このときに認識している世界が実はコンマ五秒前の過去の世界であるにもかかわらず、脳がその事実を隠すように働くために我々は今この瞬間に生きていると信じ込んでいるという事実を実験的に明らかにしたリベット博士の研究内容を紹介する記事を読んだ瞬間に「合気炭粉仮説」を閃いた炭粉良三氏こそは、第六ラウンドまで僕と闘った空手家その人だったのだ。

そこでは、

「襲いかかる敵を愛することで生じる愛魂の効果が合気に他ならない」

という主張は省かれてしまってはいるが、

「自分の脳が活性化されて外界認識のスピードが上がってくるため、コンマ五秒前の過去の世界でしかなかった自分が今だと認識している今の世界が、コンマ一秒前の過去の世界となれば、敵の動きも含め周囲のすべての動きをスローモーションで認識することができる」

というものが合気の効果だと明言されていた。そして、あの記念すべきフルコンタクト空手相手の真剣勝負の対決の中で、愛魂の技法を用いたときには何故か相手の空手家の動きが極端に遅くなったという印象が鮮明に残っている間に空手家本人からこの仮説について聞いた僕は、大いに興奮して深い考えもなくこれで「合気＝愛魂」のからくりが判明したと思い込んでしまう。

しかも、合気がこのような「炭粉仮説」によって発動するのであれば、コンマ五秒を要する高度な（哺乳類的な）外界認識を生み出している大脳皮質の働きを停止させた原初的な（爬虫類的な）より直接的で素早い外界認識が可能になるためには、

「大脳皮質の動きを低下させるために自我意識による思考を捨ててアホになり、ロボットのように

何の感情も持たずに身体を動かせばよい」

などとまでうそぶいてしまう。科学者の端くれに戻ったつもりの僕は、その頃から「合気炭粉仮説」を基にして

「合気の技法を使うためには思考を止めてアホにならなくてはならない」

という短絡的な主張を展開することになるのだが、そんな科学者としての盲信に陥っていた僕の目を覚ましてくれたのは、既に第二節で記したテレビ番組収録の中での若手芸人との試合だった。

実際に「思考を捨ててアホになる」ことに終始した試合の中では、炭粉良三というフルコンタクト空手の猛者との対決のときに周囲に満ち満ちていた生きとし生けるものすべてへの神の無条件の慈愛など皆無だったし、あの不可思議極まりない愛魂の効果に完全に封じ込められた空手家の驚愕の表情なども無縁だった。

ただ、対戦相手よりもコンマ五秒だけ未来の世界に生きていることになっていたため、コンマ五秒過去の世界から放たれた突きや蹴りはすべて微妙に外れ、こちらの身体にはほとんどダメージを与えなかったというだけ。

炭粉さん相手のときと同様に「愛魂」が発動されると信じて闘った僕には腑に落ちないものが残ったのだが、そのおかげで炭粉さんとの記念すべきスパーリングの直後から導かれてしまっていた「愛魂」についての間違った理解の道程から脱出することができたのだ。

六　活人術としての愛魂

キリストの教えである「汝の敵を愛せよ」さらには「汝の隣人を愛せよ」を実践するならば、襲いかかってくる敵意ある相手がこちらを攻撃する動きが極端に遅くなってしまい、たとえこちらが武術や格闘技の素人であってもいとも簡単に相手を封じ投げ倒すこともできる。血気盛んな空手家である炭粉良三氏とのフルコンタクトルールでの記念すべき試合で見出した、驚くべき事実……。

だが、「愛魂」と呼ばれるその秘法がいったいどのようなからくりでそのような不可思議極まりない効果を生み出すのかについての真の理解からは、脳科学で既に見出されていた人間の認識の背後に潜むコンマ五秒の空白の存在に起因するのではないかという仮説に傾倒してしまったために、その後僕は遠ざかる一方だった。空手家との闘いの直前には、「愛とともに相手の魂を自分の魂で包む」という「愛魂」の技法での「愛」の感覚とは本質的に違う、より高次の「愛」にまで昇華することができていたにもかかわらず、「愛魂」の神意を知るためのその千載一遇のチャンスを逸してしまっていたのだ。

二〇〇八年のあの夏の日に一度はこの手に握りかけていた「愛魂」による「合気」の真の作用機序に再び肉迫するためには、その後の五年間の時の流れの中でさまざまに経験してきた「愛魂」の活人術としての役割についての理解が必要となった。つまり、武道や格闘技からはいったん離れてしまい、人間の本質に何らか働きかけることによってその人を己の思考から解放し、生き生きと活かしていくように仕向ける秘法としての一面に注目することが求められていたわけだ。

これについては、第七節以降において活人術の観点から「愛魂」について論じていく場において触れることとし、以下においては僕自身が最近の道場稽古で門人達に伝えている「愛魂」の真理、即ち本当のメカニズムについて公開しておく。


空手家の挑戦を「愛魂」による「合気」で退けた直後の僕は、当然ながら武道の秘伝技法としての「愛魂」の理解にしか興味を示すことはなく、僕自身の周りに活人術としての現象が生まれてくるようになるのは恥ずかしながら数年後のことだ。そんな愚かな師を補って余りある門人達に恵まれたことは、この僕が最も誇りに思っている事実。この不毛な最初の数年間において、愛魂による活人効果をこれでもかというほどに体現してくれた門人達がいなかったなら、おそらく愛魂あるいは合気についての神意を未だに理解することができていなかったに違いない。巻末附録「恒藤和哉伝」でご紹介する門人もその一人だ。

　そしてまた、そのようなすばらしい門人達に向かって心から頭を垂れるときに蘇ってくるものこそは、あのときのまさに天上から降りてくる至高の調べの中で現れたすべてを受け入れる慈愛に満ちた神の愛。そう、こうして門人達に向かうたびに、愚かな師は自分ではまったく気づかないうちに、その愚か者であっても何とか神意に気づくことができるようにしてもらっていたのだ。

　むろん、すべての門人が愛魂や神の愛について真っ正面からこの僕を諭してくれたわけではなく、中には幾分反面教師的な意味での教えも含まれていたことは否めない。だが、たとえ逆説的なことを示してくれていたとしても、なるほど多くの人達はそのようにしか考えられないのかと気づかせてくれた点ではありがたいことだった。さらには、それがきっかけとなって大いなる気づきへと導いてくれたことも少なくはなかったのだから、やはり門人達全員に感謝したいというのが、正直な気持ちだ。

　中でもいわゆる頭脳明晰な秀才タイプで思考に長けた人達の多くが必ず一度は陥ってしまう愛魂についての誤解に、以下のようなものがある。それは、愛魂の技法を説明する場面でこの僕が頻繁に口にする

「愛とともに相手の魂を自分の魂で包む」

という表現を聞いた門人は、この僕が「自分の心の中で自分の魂などというものを想い描いた上でそれを同じく想い描いた相手の魂に重ねるようにイメージしている」と考えてしまうことだ。つまり、彼等の理解の中においてキリスト伝来の活人術の基本である「愛魂」の技法は、自分の心の中に何らかの目に見えない存在についてまで想い描く「心法」でしかない！

まさか愛魂をイメージによる心法などという低次元のレベルに落とし込まれるなどとは思いもよらなかった僕は、当然ながら愕然としてしまいしばらくは立ち直れなかったのも事実。何故なら、八年ほど前から岡山で道場を開いてきたのだが、その中で古くからの門人として熱心に稽古に励んでくれていた人物がまさにそのように魂などをイメージする心法に陥ったため、断腸の思いで破門したことがあったからだ。

歴史はくりかえすというが、確かに思考本位の優秀な人達にとっては単に「心の中に想い描く」というイメージ技法にしか理解できないのだということに再度気づかされた僕は、このままではまずいと考えて門人達に愛魂を説明するときの表現を変えることにした。

百聞は一見に如かず。ここは、最近のある日の道場稽古の様子をありのままに再現しておこう。

＊　　＊　　＊

愛魂修練技　愛魂寝かし

まず、愛の効果を実感しながら「愛する」訓練をする最初の技です。二人一組でやってもらいますが、訓練相手の人は正座してもよいし足を前に出して座ってもかまいません。こちらは後ろ斜めに正座します。正座できないときは横座りでも胡坐《あぐら》でもかまいません。相手が柔道着や空手着なら奥襟に手をかけます。Tシャツなどなら破れますから両肩に軽く手をかけます。

最初にまず腕力を使って相手を後ろに引き倒します。当然ながら相手は抵抗します。腕の力だけなら、相手が必死に抵抗すれば後ろに引き倒すのは難しくなります。まずは腕力でどこまで相手を倒せるかを確かめてください。

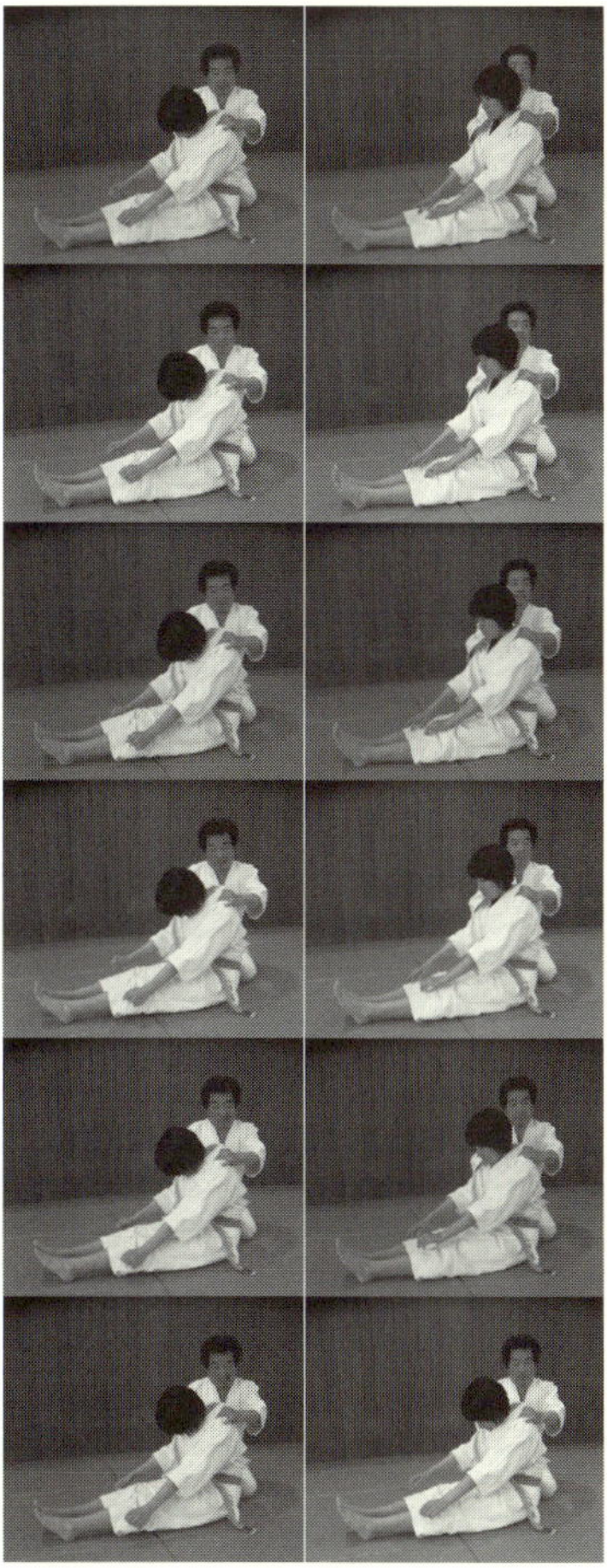

写真12　腕力だけでは相手を後ろに倒すのは難しい

次に相手を愛します。そして倒してみてください。
すると、どうなるか……。簡単に相手は倒れますね。

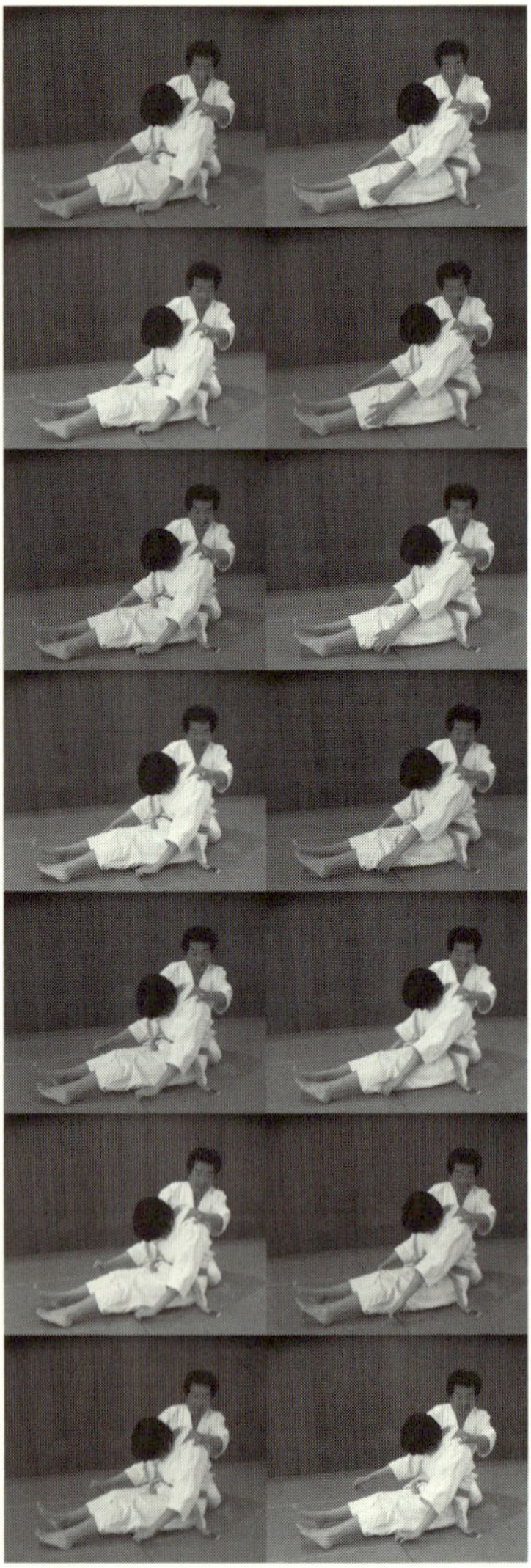

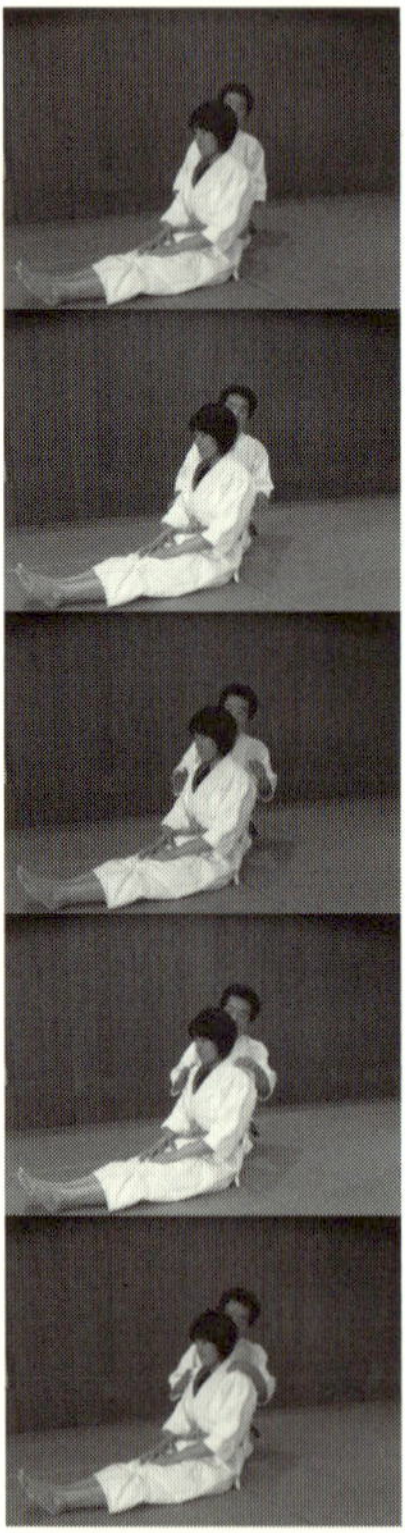

写真13　愛すれば相手は簡単に後ろに倒れる

愛するとどうなるかというと、愛したとき、こちらの魂は相手の魂と合体します。愛するということで、こちらの魂が後頭部のあたりから滲み出て広がります。そして、魂というのは近くにある別の魂とひとつになるという性質があるので相手の魂と一体化するわけです。

こうなれば、こちらの魂イコール相手の魂となり、その共通の魂が相手の身体を無意識で動かします。つまり、無意識でしか動かせない不随意筋を操作することになります。魂が合体し、その魂が相

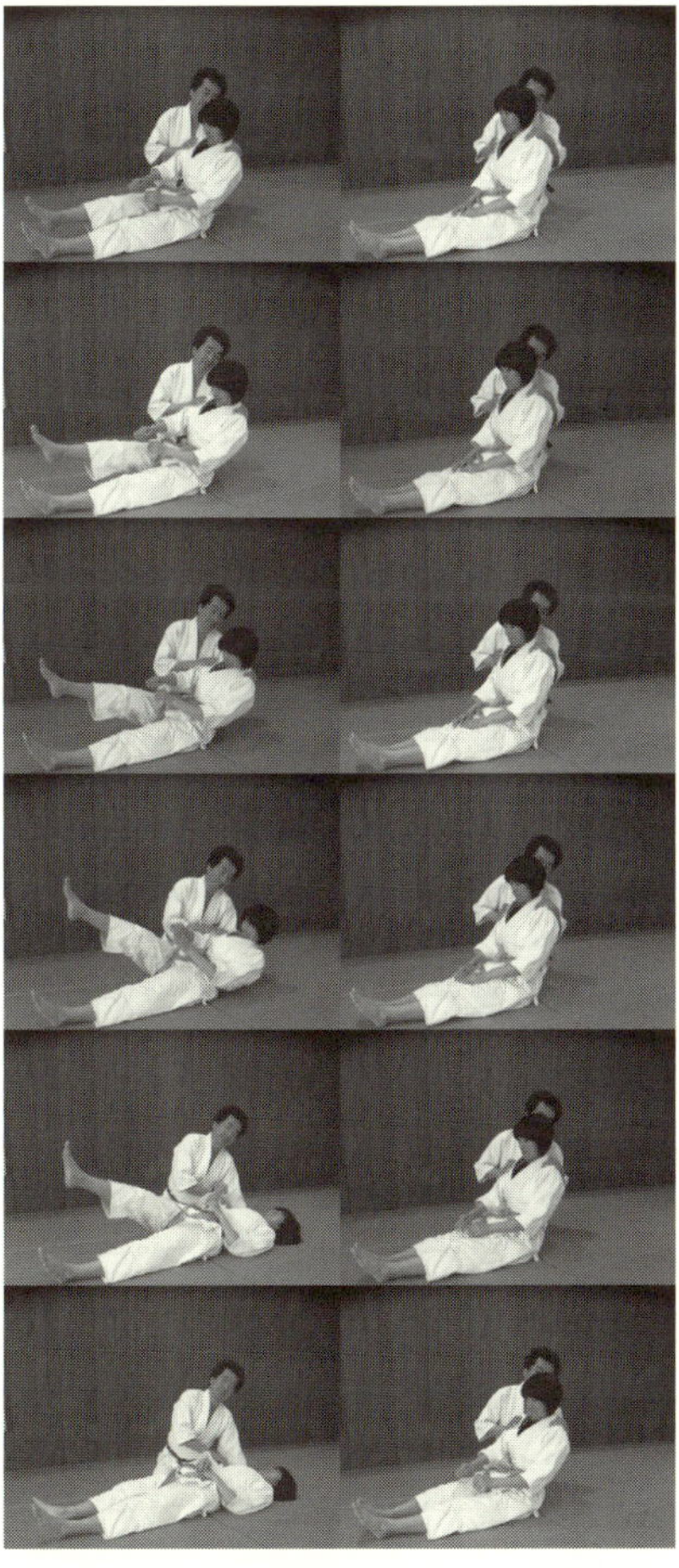

手の身体をあたかも僕が後ろに引っ張ったために後ろに倒されたかのような動作を実現するために、相手が意図しては動かせない筋肉を使って倒れてくれるのです。

むろん、相手はそんなことなどまったく意識していません。相手は必死で抵抗しています。ところが抵抗している主体は相手の自我意識ですから、抵抗するために使える筋肉は意識的に働かせることができる随意筋だけです。無意識でしか使えない不随意筋は、こちらの都合のいいように後ろに倒れる動作をしてくれます。その両方がバランスをとりながら、ゆっくり後ろに倒れていくわけですね。

愛さないとこちらの魂と相手の魂は別々ですから、相手は必死に抵抗するだけです。そこで愛します。すると、随意筋は後ろに倒れまいとしますが、不随意筋は後ろに倒れようとバランスを保ちますが、手で後ろにいかせようとしますから、相手はゆっくり後ろに倒れます。ただし、愛するほうも本当に愛さなければなりません。真剣に愛してください。

この技を「愛魂寝かし」と呼んでいます。

愛魂修練技　愛魂起こし

次に相手は完全に脱力して床の上に仰向けに寝ます。脱力しているときは、人間はじつに重いものです。相手の片腕を手首のところでつかんで引っ張り上げて相手の上体を起こそうとしても、重くてなかなか起こせません。

次に相手を愛します。愛するとこちらの魂が後頭部のあたりから滲み出ていき、近くにいる相手の魂と合体し、相手の不随意筋を無意識に動かして、まるで腹筋運動のようにして起きあがってくれます。相手は起きるつもりは毛頭ないのにです。不随意筋が勝手に動いてくれて、相手に無意識に腹筋運動をさせるわけです。

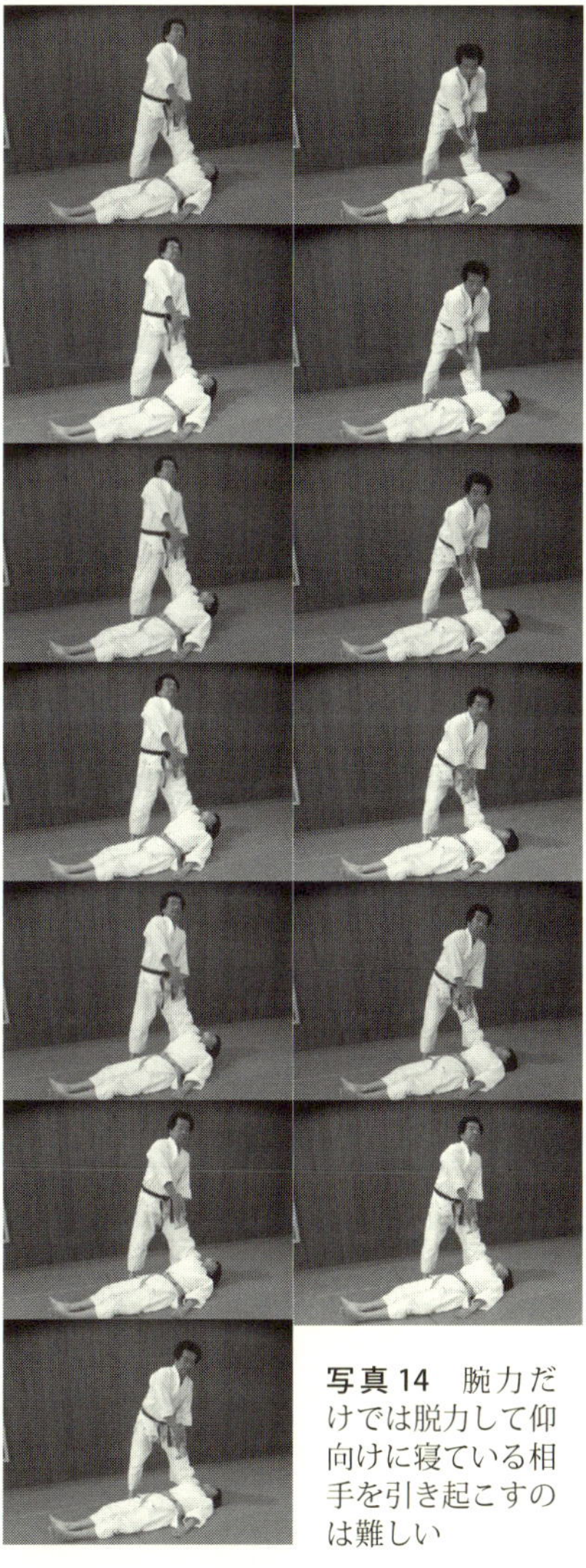

写真14　腕力だけでは脱力して仰向けに寝ている相手を引き起こすのは難しい

これを何回やっても、こちらは疲れません。こちらが相手の上体を引っ張り上げているのではないからです。こちらは愛しているだけです。握っている僕の手の動きと、相手の上体が起き上がってくるタイミングをよく見てください。何か違和感があるというか、変な印象があるでしょ。そう、こちらが相手の腕を引っ張っていく動作よりも、相手の上体が起き上がってくる動作が微妙に遅れてずれて見えるための違和感です。

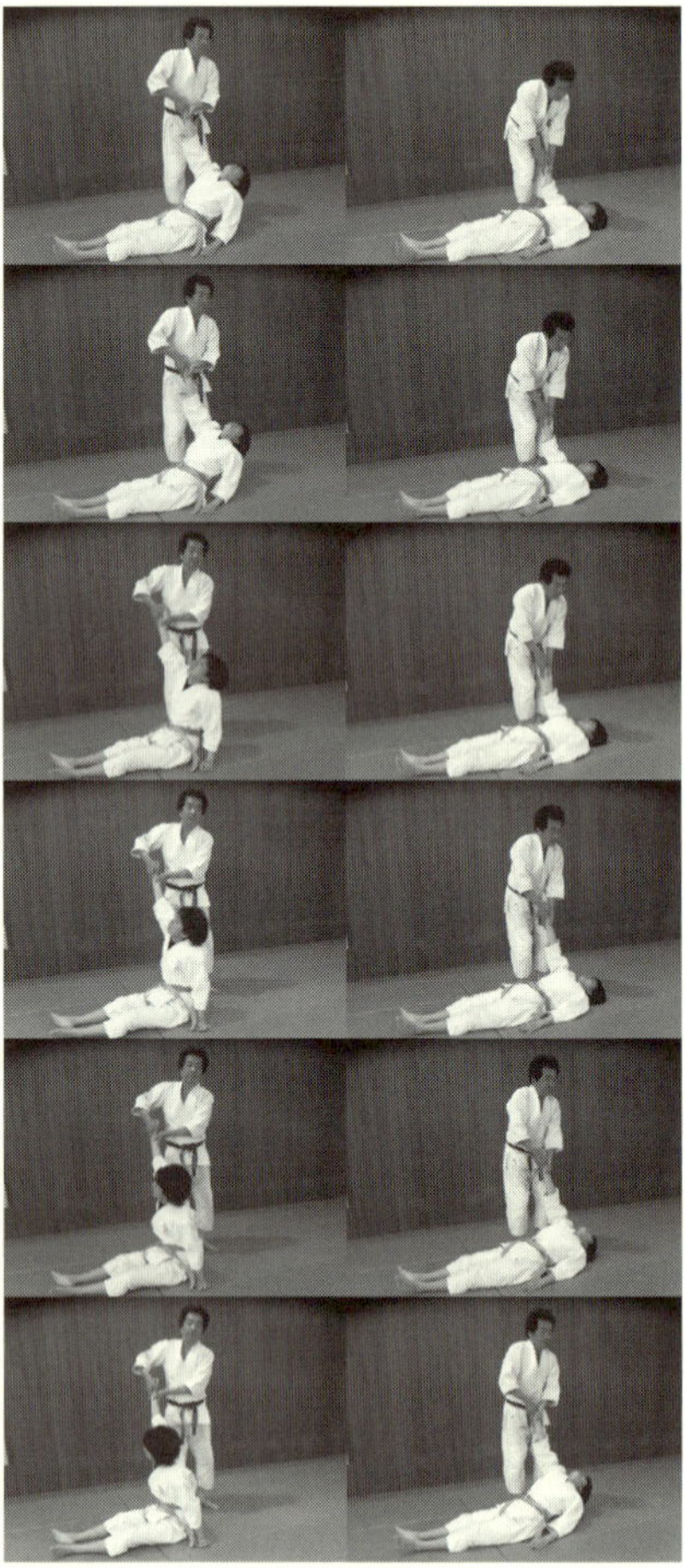

写真15　脱力して仰向けに寝ている相手を、愛すると楽に引き起こすことができる

そのタイミングのずれがあるということからも、これはこちらが相手の上体を力で引っ張り上げているのではなく、そのようなこちらの動作に合わせて相手が相手の力で腹筋運動をするように状態を起こしてくるのだという事実がわかりますね。

あとで筋肉痛になるのは、こちらではなく相手です。強制的に腹筋運動をさせているようなものですから。

この技は「愛魂起こし」と呼ばれています。

愛魂修練技　愛魂抱え起こし

今度は同じく仰向けに寝ている相手の横に正座し、相手の首の下に手を入れて相手の上体を起こします。ちょうど、寝ている病人の上半身を起こして、薬を飲ませようとするような動作です。

自分の意志ではまったく起きる気がない脱力して寝ている相手の上半身はとても重く、首の後ろに入れたこちらの腕一本で起こすのも大変です。病人や老人の介護の仕事をしている人達が腰を痛める原因にもなっているほどですから、こちらの腰に無理にならない程度の力ではとても起こすことはできません。

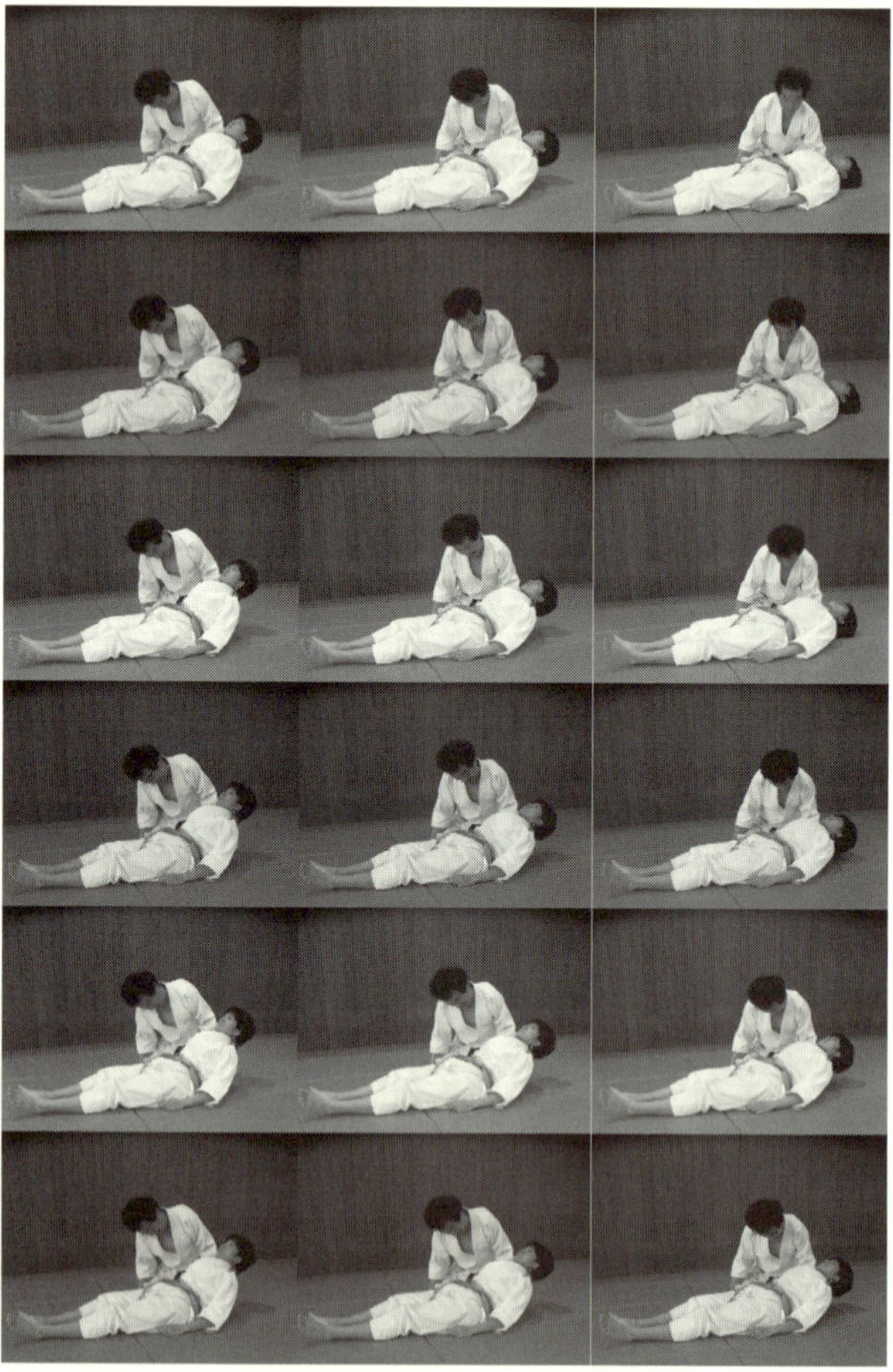

写真 16 腕力だけでは相手を抱え起こすのは難しい

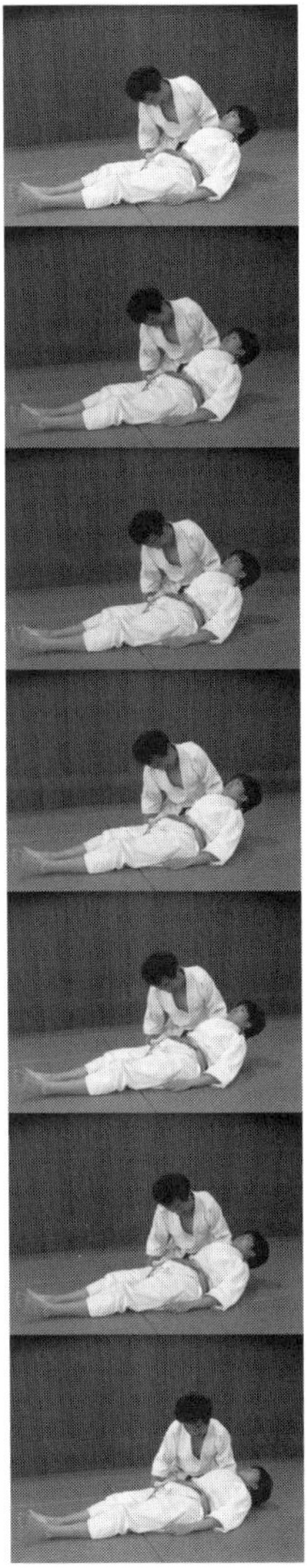

脱力している相手を抱え起こすのは大変ですが、これまでやった愛魂修練技と同じで、これも愛すれば簡単に相手の上体を腕一本で楽々と起こすことができます。

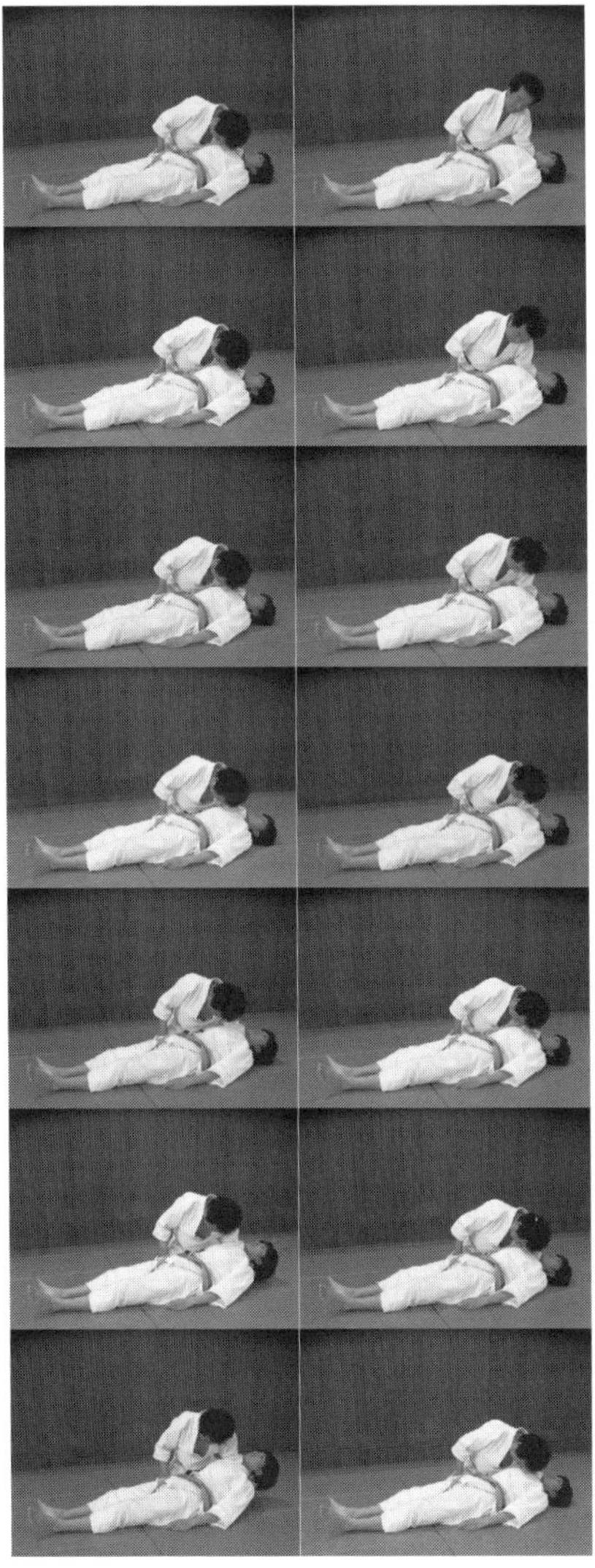

写真 17　愛すれば相手を首に回した腕一本で楽々と起こすことができる

もちろん、相手は起きあがる気は毛頭ありません。不随意筋が勝手に働いて起きているだけです。意識的に動かせる筋肉は一切働いていません。相手が意識できない筋肉を、魂経由で使うからこうなるのです。

不随意筋といっても自分ではよくわからないと思いますが、代表的なのが心臓の筋肉です。自分の心臓を意識的に動かしたり止めたりはできませんね。心臓の筋肉は不随意筋ですから意識的には制御できないわけです。

この技は「愛魂抱え起こし」と呼ばれています。

愛魂修練技　愛魂上げ

訓練相手の人には正座して両手を前に水平に上げてもらい、掌はどちらも下に向けてもらいます。

こちらは相手の正面にしっかりと立って相手の両手をつかみます。座っている人は、正座したままこちらの両手を手掛かりにして立ち上がろうとしますが、正座の姿勢からでは全身の力を出しきっても立てません。五センチも浮きあがれば上等です。まったく上がらない人も多いはずですが、ともかく相手には全身の筋肉を使って努力してもらいます。

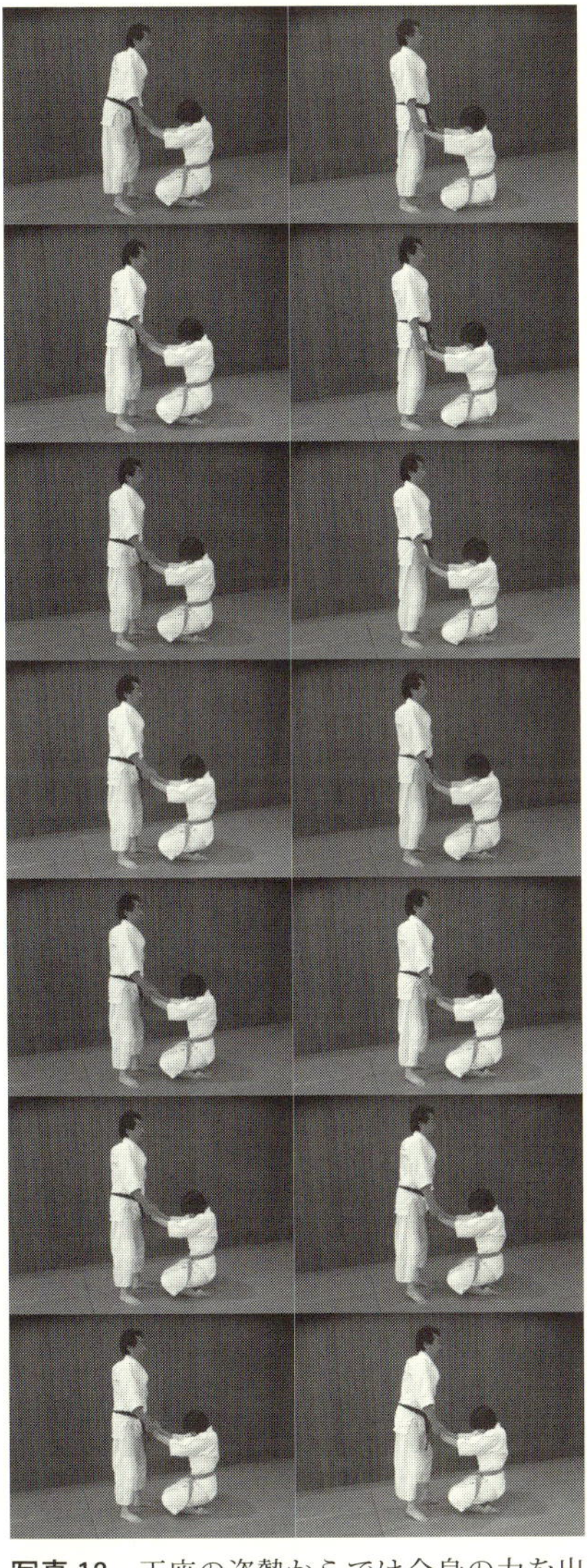

写真18　正座の姿勢からでは全身の力を出しきっても立てない

そこで今度は、こちらが愛します。愛すると、こちらの魂が解放され後頭部のあたりから滲み出ることによって相手の魂と合体するため、相手の魂経由で相手の無意識に働きかけ、相手が意識的に使えない不随意筋を動かすことができます。

相手は最初のように随意筋で意識的に上に上がろうとするのに加えて、魂経由で無意識でしか動かない不随意筋が同じように上に上げようとしますから、筋力が格段にアップし、すっと立ち上がることができるわけです。

写真19　こちらが愛すると、相手は正座の姿勢からすっと立ち上がることができる

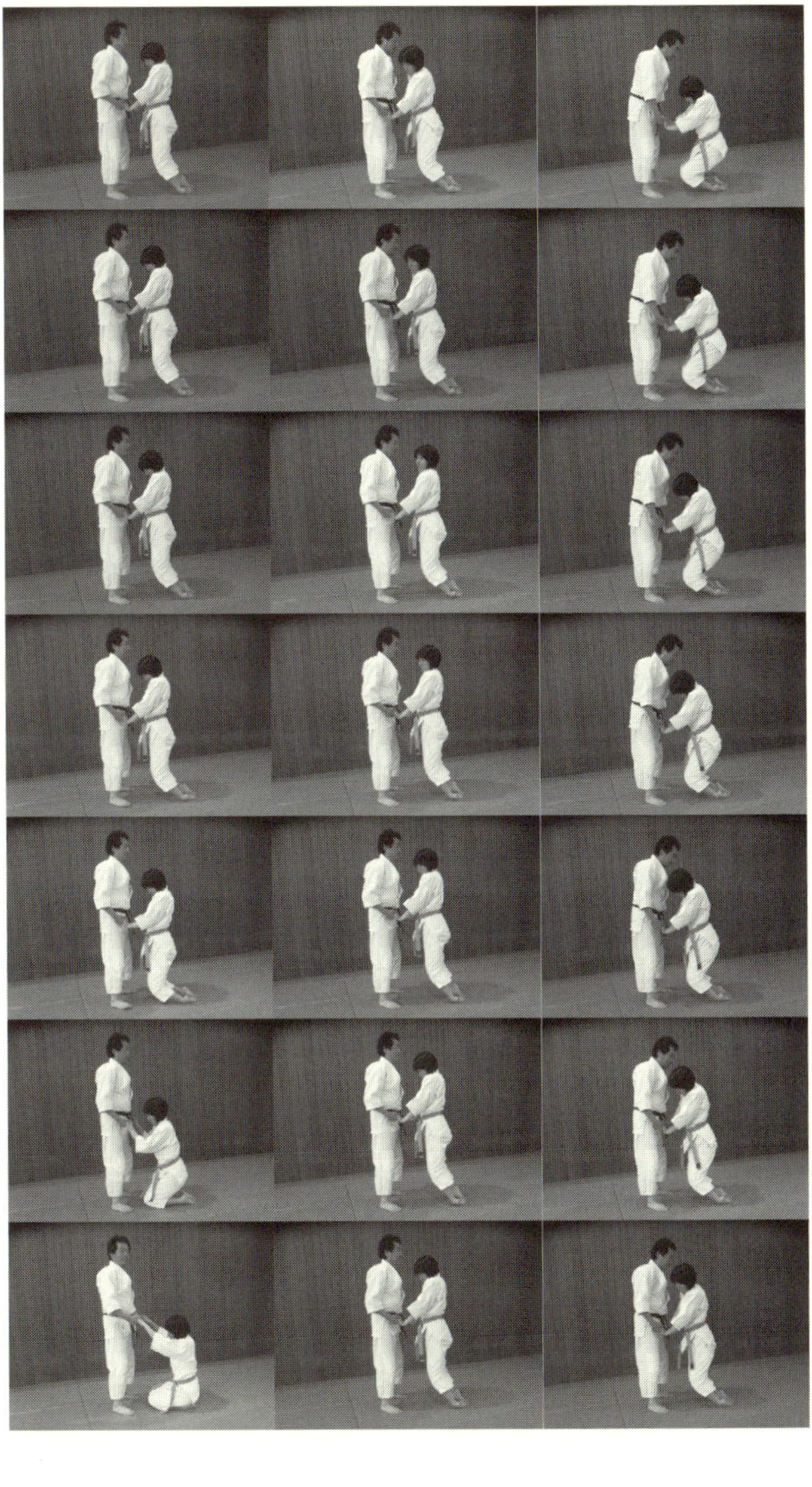

この修練技が愛魂の原理を理解するのに最も役に立ちます。相手が意図的に使える随意筋を総動員しても途中までしか上がらなかったのに、こちらが愛することで相手の不随意筋まで動員して上に上がる動作をすることができる。だからこそ、よけいに立ち上がりやすいのです。

この技を「愛魂上げ」と呼んでいます。

このように、愛魂の訓練は相手の人が生まれてこのかた意識していなかった不随意筋という筋肉を使っていますから、相手の人は稽古が終わってから筋肉痛になったり、階段で転びそうになったりしますので注意してください。翌朝、これまで経験したこともないような筋肉痛になったりもしますが、これはそれまで意図的に使うことのなかった不随意筋が生まれて初めて無理矢理使われていたからです。

愛魂修練技　愛魂倒し

これまでの稽古では、愛することによってこちらの魂が解放されて、座っていたり横になっていた相手の魂とつながってひとつの魂になる。そうすると、相手の無意識に働きかけて無意識が制御できる不随意筋を、こちらの都合のいいように動かしてもらえるようになるという「愛魂」と呼ばれる不思議な効果が生まれました。これはもちろん、相手が二本足でしっかりと立った状態においても同様に作用するものです。

それを確かめるために、今度は相手の人に脚を前後に開いてがっしりと腰を極め、両腕を胸の前に構えて安定に立ってもらいます。その相手の肩に後ろから手をかけて、相手を後方に引き倒そうとしますす。ところが、こちらの力が相手より弱ければ、相手の身体は踏ん張って立ったままです。

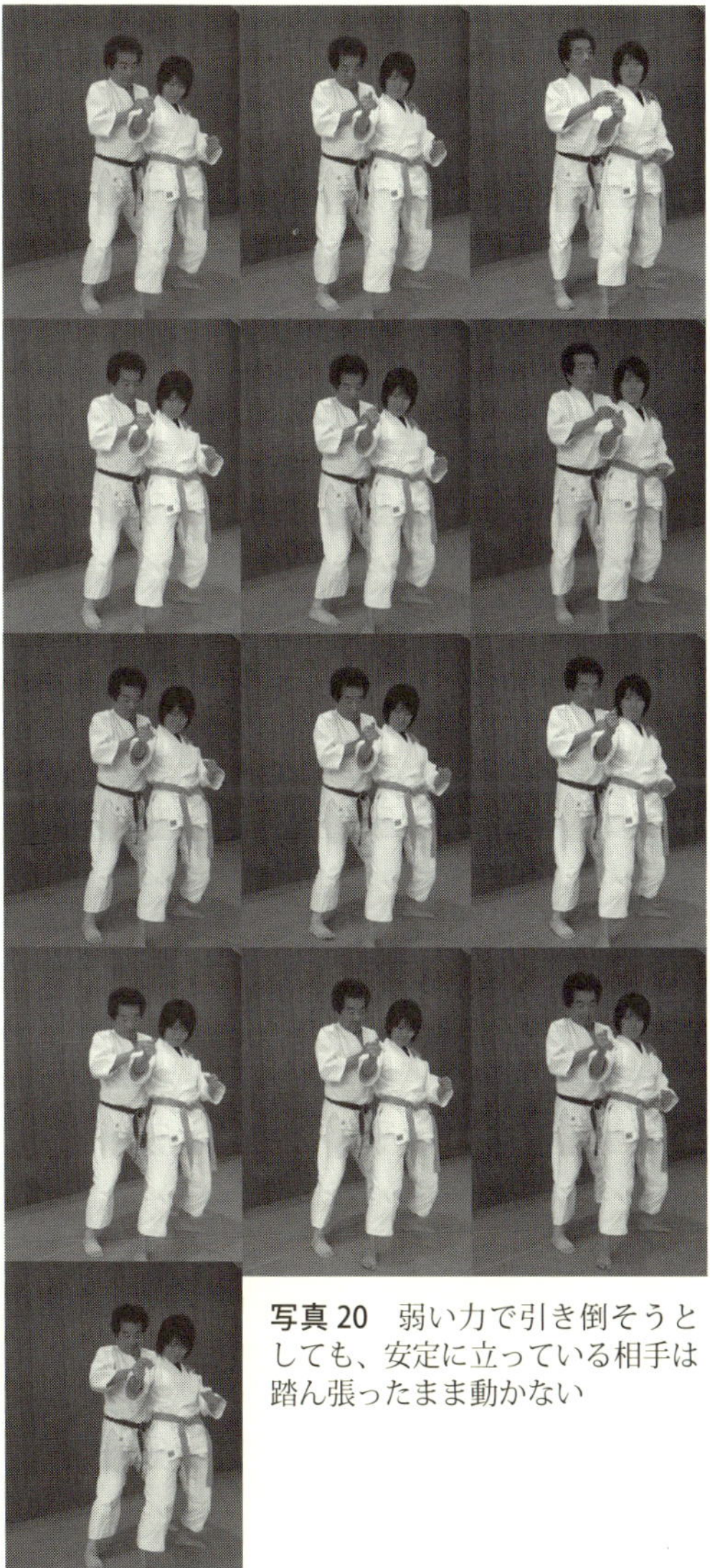

写真 20　弱い力で引き倒そうとしても、安定に立っている相手は踏ん張ったまま動かない

あるいは、もしこちらの力が相手の踏ん張る力よりも強ければ、相手は逆に足を送って安定に立ったまま後ろに移動してくるだけです。

結局、腰を落として絶対倒れないように踏ん張っている相手の両肩に手をかけて相手を倒そうとしても相手は簡単には倒れないわけです。

写真21　強い力で引き倒そうとしても、安定に立っている相手は足を送って後ろに移動するため、やはり引き倒すことはできない

だからこそ、これまで訓練してきたように愛するしかないのです。愛するとこちらの魂が解放され、相手の魂といっしょになって相手の不随意筋を動かし、あたかもこちらが引き倒したかのように、後ろに反り返って倒れていく動作をしてくれるわけです。

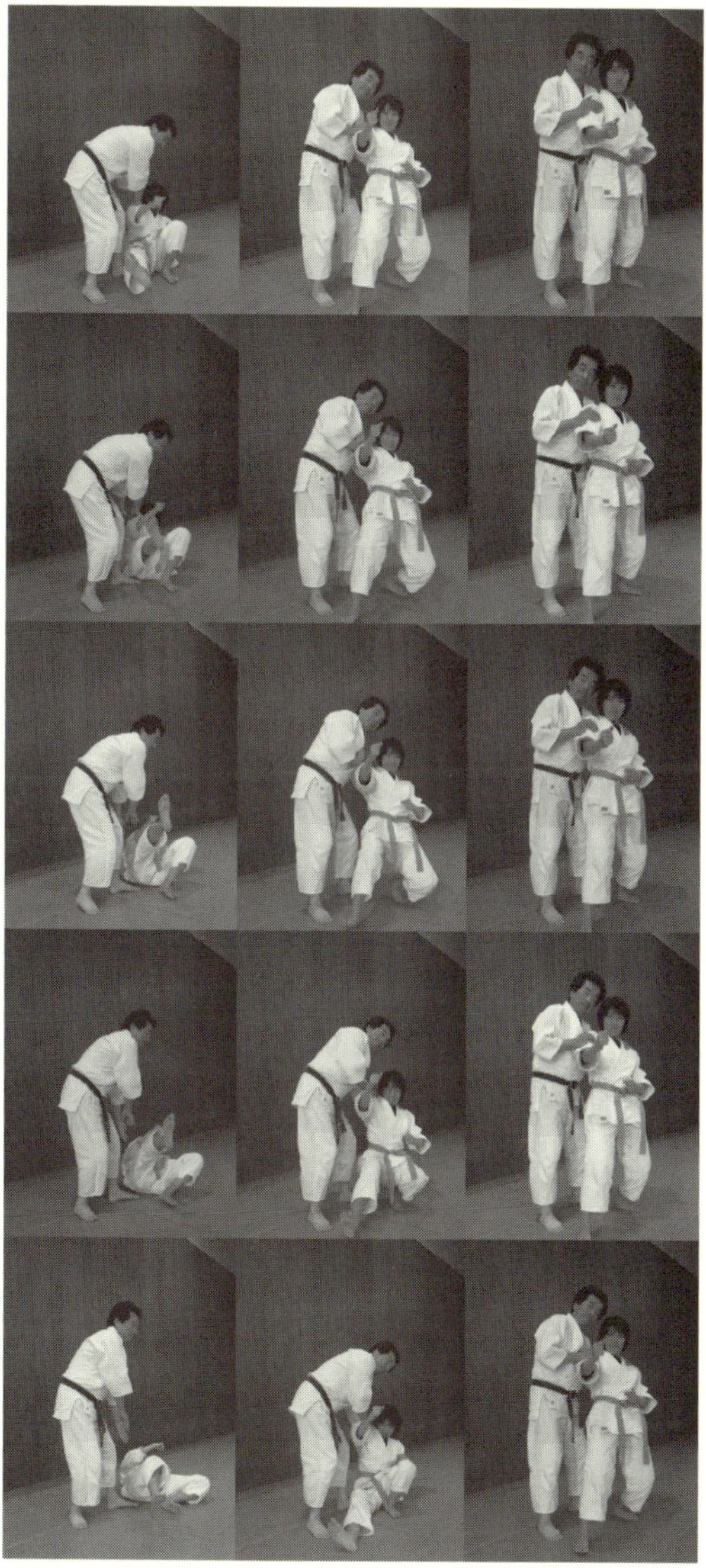

写真22　愛すれば相手は簡単に後ろに反り返って倒れていく

愛すると相手の無意識に働きかけることができます。相手は自分の不随意筋を意識して動かすことはできません。ところが、こちらが愛することで無意識にしか動かない相手の不随意筋が動き、あたかもこちらが手をかけて相手を倒しているかのような動きを相手がしてくれるわけです。相手は自我意識では抵抗していますが、無意識のレベルでは逆に倒れてくれていることになり、相手にはどうにもならないのです。

まさに、意識下ではとことん抵抗しているのに、相手自身ではどうにもならない無意識下でこちらに合わせてくれる究極のヤラセ……それが「愛魂」だといえるかもしれません。

＊　　＊　　＊

七　愛魂と無意識による不随意筋の働き

ここでキリストの活人術「冠光寺眞法」の中核となる「愛魂」の作用原理を具体的に解説しておこう。道場での稽古において口頭で門人の皆さんに端的にお伝えしている内容については、既に前節で記しておいたとおり。ここでは、それをより深く考察していこう。特に、「愛すると魂が解放されて相手の魂と一体となるため相手の無意識によって相手の身体の不随意筋を動かしてしまう」とした、愛魂の作用機序が成り立つという事実の背後にある、何らかの原理の存在を明らかにしたい。

僕自身「意識的には動かせず無意識でしか動かない筋肉組織」を「不随意筋」と表現しているが、実は心筋や平滑筋として内臓を形作る不随意筋だけでなく、骨格筋の中で骨に接するように存在して通常は骨を補強する役目を担うコアマッスル（中核筋）などもこれに入れてある。そして、愛魂の作用機序において「相手の不随意筋を動かして……」とある不随意筋は、主として相手の骨格筋のコアマッスルと考えられる。

動物全般で口の開閉に使われる顎の筋肉以外、顔面の筋肉はすべて不随意筋となっているが、人間においてのみその顔面の不随意筋を随意的に動かすことができるようになったために、内面と違う嘘の表情を作ることが可能となったのはよく知られた事実であろう。この顔面の不随意筋も本来は頭蓋骨に接して補強するためのコアマッスルであり、それが随意筋としても働くようになっているのだ。

従って、犬や猫などの動物が作る表情は無意識の所産であり魂の働きが如実に現れているのに対し、人間の表情は魂の叫びを表す無意識の姿に、意識的に捏造された意図的な姿が上描きされていると理解すべきだろう。腹を割った本音のつき合いと称して、互いに酒を酌み交わす風習が多くの民族に伝わっているが、それは作意的な表情をアルコールの力で薄めることによって相手の本音を無意識の表情から読み取ることができるからではないだろうか。

ここでは、愛魂の作用機序を探っていくために、まず愛と不随意筋という、常識的にはまったく関連性がないと考えられている両者の間柄について見ておこう。西欧においてはもちろん、現代の日本においても愛のシンボルとしては、ハートマークが最も多用されている。心臓を象った単純なマークを見れば、ほとんどの人がそれが愛を示していると理解するのだ。

ところが、いったい何故にハートマークが愛のシンボルとなっているのかについては、なるほどと納得できるような説には未だ出くわしたことはない。古今東西、老若男女を問わず、これほどまでに広く人々に浸透しているというのに。ほとんど全員が何の疑問も抱くことなく、ハートを愛の象徴として無条件に受け入れているにもかかわらず、実は誰もその根拠や理由については知らないのだ。考えてみれば、不可思議極まりないことなのだが、えてしてそんな不思議な常識の中に真実を浮き彫りにする糸口が潜んでいるもの。ここは、まずハートマークと愛の関連を考察することで、愛と不随意筋の間の連関について探っていくことにしよう。

といっても、聡明な読者諸姉諸兄においては、既に気づくことができた向きも少なくはないはず。何故なら、ハートが心臓を象ったシンボルだという大前提に立ち戻るならば、ハートマーク自体は心臓の外観を形作っている筋肉、つまり心筋に対応していることになる。そして、心筋こそは身体組織の中で最も重要な、つまり代表的ともいえる不随意筋なのだ。そう、ハートのマークは、不随意筋の代表選手である心筋を象っているという意味において、実は不随意筋のシンボルとなっている!

ここまでは、それほど突拍子もないゴリ押しのこじつけとは思えない。ということで、まずはハートマークを不随意筋の象徴と考えておくことにしよう。

では、次なる課題は何かというと、このように不随意筋のシンボルと考えられるハートマークが、いったい何故に愛の象徴となっていったのかという点を明らかにすることになる。そこにおいては、現代の科学的ないしは医学的推察あるいは哲学的考察は無力に近く、幾つかの宗教的な事実に基づく形而上学的な直感力に頼らざるを得ない。つまり、愛を論ずるのは未だに形而上学の範疇においてということであり、いくら進歩したとはいえ科学や医学といった形而下学ではまだまだ役不足となってしまうのだ。
　宗教としてむろん愛をその礎としたものは決して珍しくはないのだが、中でもイエス・キリストによる愛の教えに立脚したキリスト教と、シャカ・ムニによる慈愛の心を説く仏教が双璧ではないだろうか。キリストの愛の教えは、キリスト教信者以外の一般にも知られる

「汝の敵を愛せよ」

あるいは

「汝の隣人を愛せよ」

という言葉に象徴される。前者はイエス・キリストに由来する活人術「冠光寺眞法」の極意と目されるもので、カトリックの修道士達に細々と伝えられてきた法灯を神の予定調和のごとき奇跡の連鎖を経て、この身に受け継がせていただけたものだ。
　従って、愛の効果を日常的なレベルで観察する機会に最も恵まれた人間の一人として、この僕自身

が実感している愛の働きについて具体的に省みることにしたい。それがまた、愛と不随意筋との間の深い連関を見出すための、突破口となるはずだから。その出発点として「汝の敵を愛せよ」という、イエス・キリストの教えを選ぶことにする。例えば、敵が殴りかかってきたとして、こちらが単にその攻撃をかわして捌きながら敵の首に手を回して引き倒そうとする場合と、穏やかな気持ちでその敵を愛しながら敵の首に手を回して抱きしめようとする場合で何らか違いが生じるのかということを考えよう。

常識的には、前者、つまり意図的に引き倒すほうが敵の身体を制することにつながると思えるのだが、実際には敵は倒されないように骨格筋を動かして抵抗するため、まったく効果はない。もちろん、敵の筋力が弱く敏捷性が低い場合には、それでもある程度は効果は見られるが、こちらを敵対視して攻撃してくるような相手では筋力が弱いとは考えにくい。つまり、筋力や動きのスピードあるいは持久力といった体力面で敵に対処することには、自ずと限界があることになる。

写真23　殴りかかる相手の首に手をかけて引き倒そうとしてもうまくいかない

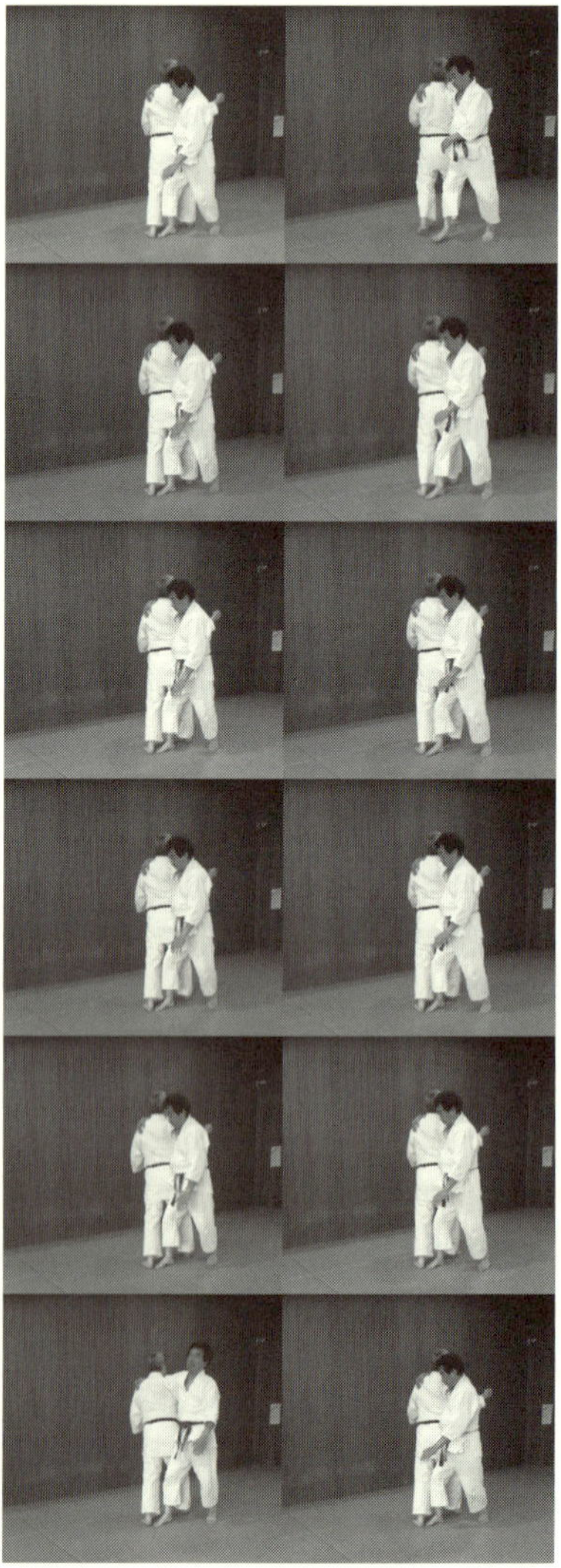

さらには、体力のある若いうちは何とかなっても、齢を重ねていくうちに若い者に体力負けしていくのは、あらゆるスポーツ競技選手に共通する宿命ともいえよう。その延長で考えるならば、こちらが年老いたときに若く血気盛んな敵が攻撃してくる状況では、自分自身を守ることはおろか、周囲の罪もない人々を暴漢の魔手から救うこともできないことになる。

では、いったいどうすればよいのか!?

僕の経験上、「汝の敵を愛せよ」というキリストの教えを正直に言葉どおり実践するのが、唯一残された道だと信じる。実際に、殴りかかってくる敵の攻撃を捌きながら穏やかな気持ちで敵の首に手を回して愛しさえすれば、敵は何故か足腰の力が急に抜けてしまったかのように感じながら崩れ落ち倒れてしまうという現象が生じるのだ。つまり、本来ならば自身の体重を支えた上で、こちらに対する攻撃動作を仕掛けられるほどの筋力を持つ足腰の骨格筋が、自分の体重を支えることができなくなる。

写真 24　殴りかかってくる相手の首に手を回して愛するならば、相手は足腰に力が入らずに崩れ落ちてしまう

むろん、攻撃してくる相手はこちらが愛する状態にあるなどとは知る由もないわけで、何故自分が急に膝に力が入らず腰砕けとなって尻餅をついたか理解できない。仮にこちらが愛しているなどとわかっていたとしても、そのことによって自分の足腰の筋肉が萎えてしまい、自分が安定に立っていることができなくなったとは思わないはず。ともかく、倒された本人にとっては本当に摩訶不思議な現象としか思えないわけで、自分がかけられた技が「合気」だと知らされたとすれば後々「合気は神秘の技法」と語り継がれていくことになるのは容易に想像できる。

しかしながら、いくら不思議なあり得ない現象だからといって、それを「神秘」の一言で片づけてしまうのでは意味がない。ここでは、この神秘とも思える愛の効果により深く着目することで、背後に潜む何らかの作用原理に迫ってみたい。そのために、同じ状況で少し異なった結果を導くこともできることを確認しておく。

殴りかかってくる敵の攻撃を捌きながら敵の首に手を回して愛するのは同じだが、今度は敵の足腰の力が急に抜けることはなく、むしろ盤石な下半身のままで踏ん張れてはいる。ただし、殴りかかってきた姿勢のままで固まったかのように立ち尽くすだけで、そこから動くことができない。さらにこちらがそのまま愛し続けていれば、相手の下半身が踏ん張ったまま上半身がのけぞるように背中側に曲がっていき、フィギュアスケートのイナバウアーの形となって最後には下半身が耐えきれずに崩れ落ちてしまう。

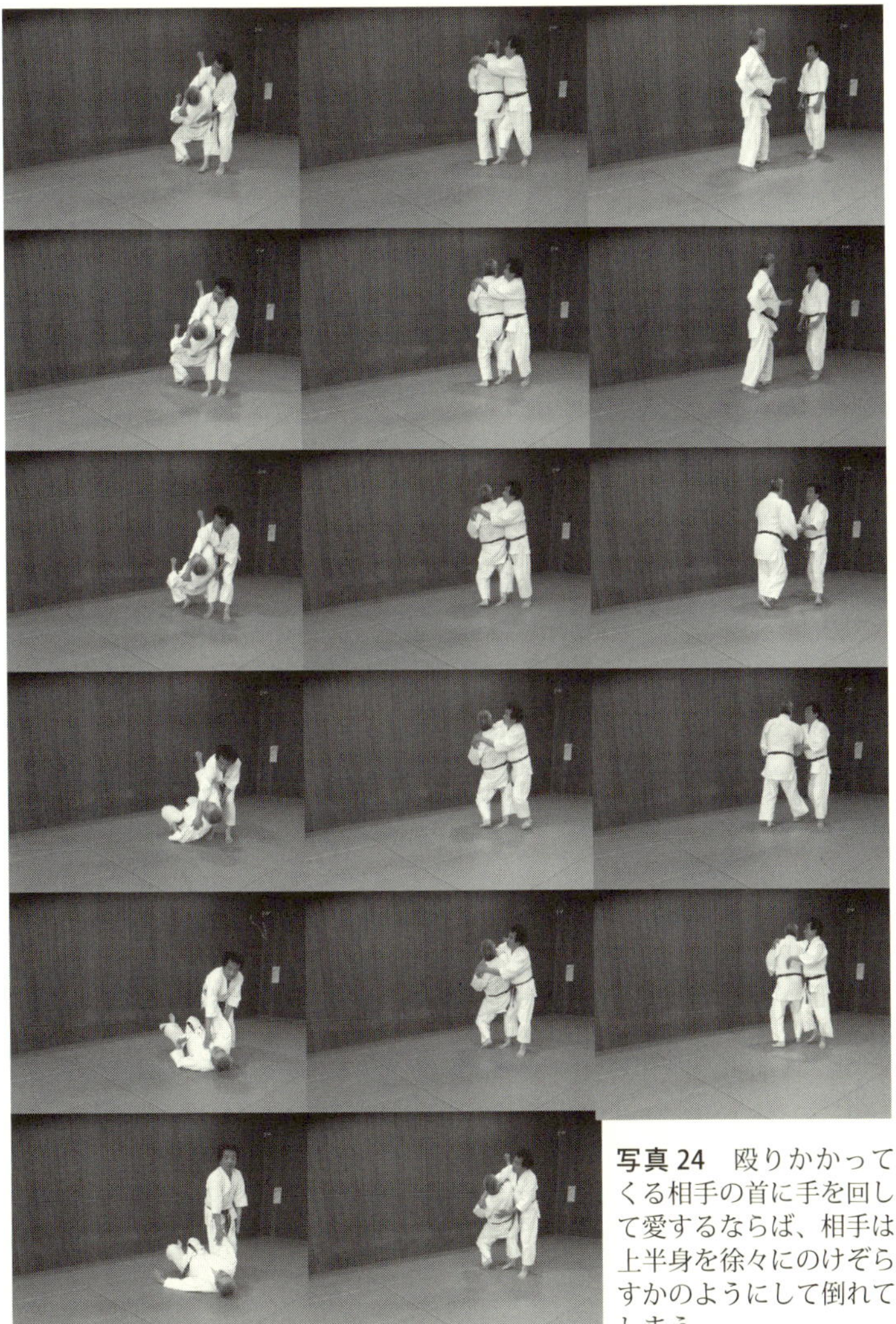

写真 24　殴りかかってくる相手の首に手を回して愛するならば、相手は上半身を徐々にのけぞらすかのようにして倒れてしまう

このとき相手の足腰の骨格筋は自身の体重を支えているのだが、どういうわけか何らかの攻撃動作を仕掛けようとしても身体が自由に動かないどころか、その固まった身体が徐々にのけぞっていくことで倒れてしまうのだ。

このような特異な現象が何故生じているのかを見極めるために、まずは相手の身体の骨格筋がどのような状態となっているのかを知る必要がある。筋肉の緊張と弛緩の様子は体表における筋電位を測定することで知ることができるため、この場合にも相手の骨格筋の筋電位を計測することが重要と考えられる。幸いにも、そのような筋電位計測実験を行ったことがあり、拙著『合気開眼』において既に公表していたので、ここでその実験結果を引用させていただこう。

筋電位計測実験において、静電遮蔽した狭い実験室の中では二人の人間が立って動くことは難しい。そこで動作が最も単純で電極を皮膚に貼り付けても可能な腕相撲を採用した。相手を務めてくれる女子大生の右腕四ヶ所に電極を貼り付け、まずはこちらが愛魂の技法を用い

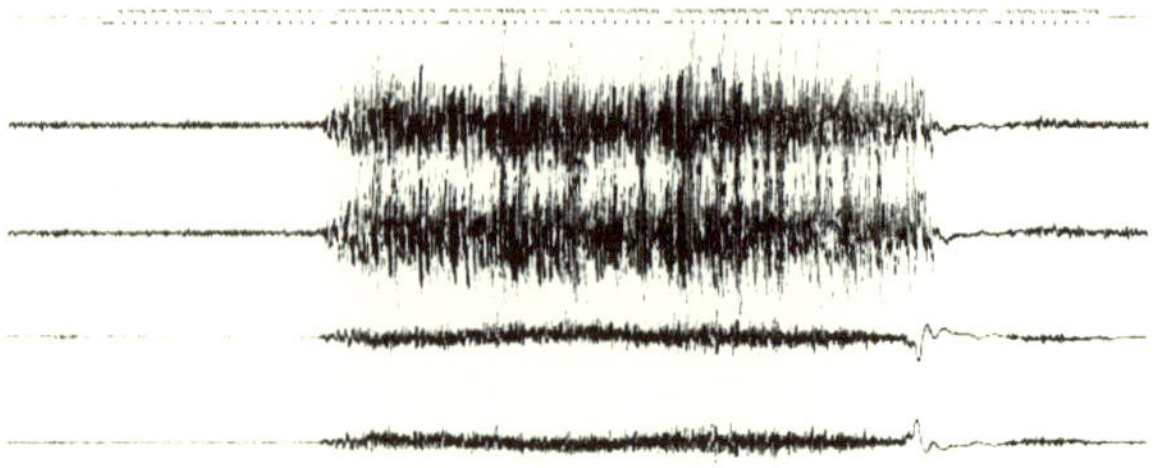

愛魂の技法を用いないで腕相撲を取ったときの、相手の右腕四ヶ所の筋電位変動

ず普通に腕力のみで腕相撲を取った。その結果は、相手が女子大生だったために腕力のみでやっても何とかこちらが勝てたのだが、筋電位を見ると腕相撲を取り始めてから勝負がつくまで数ミリボルト程度の激しい電位振動があり、相手の右腕の筋肉はどれも精一杯に活性化していることがわかる。このような短周期振動型の筋電位変動は、随意筋の活性によるものと考えられる。

次に、愛魂の技法を用いて腕相撲を取ってみた。相手は同じ女子大生で、もちろん愛魂の技法を用いないときよりもずっと早く簡単に勝てたため、時間経過を表す横軸はずっと短くなっている。筋電位を見ると、こちらが愛する状態になったときから、それまで相手の筋電位が随意筋の緊張に特有の短周期振動のみだったのが、偏極によるバイアスが生じているような全体的に偏った変動パターンとなることに注意しよう。

心電図として一般にも知られる心筋の筋電位変動を見ると、短周期

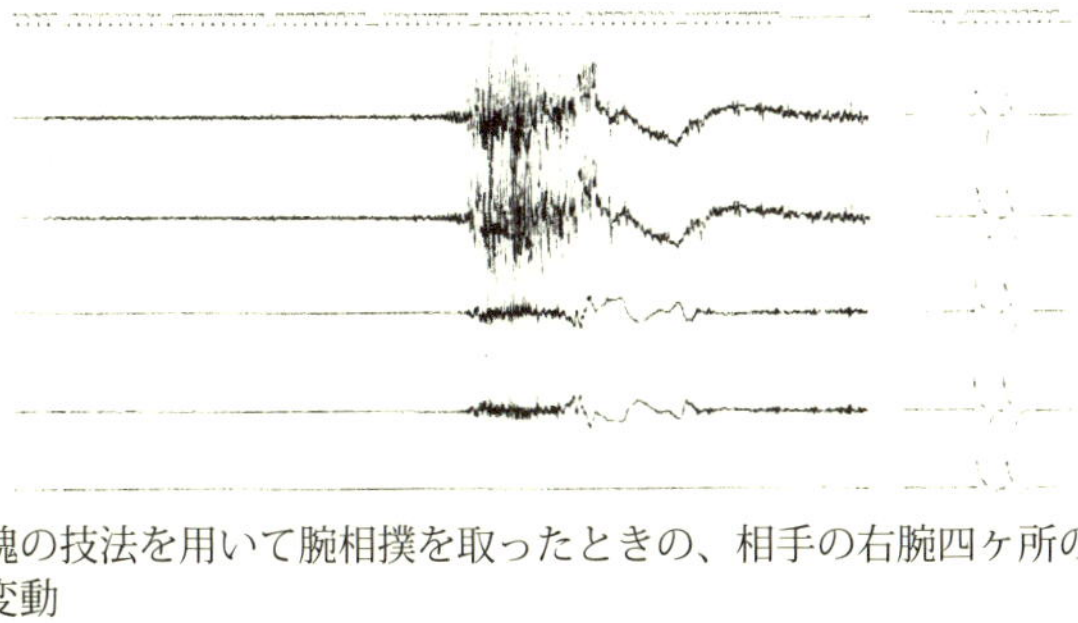

愛魂の技法を用いて腕相撲を取ったときの、相手の右腕四ヶ所の筋電位変動

振動ではなく偏極バイアスが一定の間隔（心臓ポンプの脈動周期）で生じているパターンを描いているのだが、このように偏極バイアス変動を示すのが心筋に代表される不随意筋の特徴と考えられる。ということは、こちらの内面が愛する状態となったときからは、相手の右腕の筋肉において随意筋の緊張に加えて不随意筋の緊張も生じていることになるのではないだろうか。

相手の骨格筋の中の随意筋の緊張は当然ながら相手の意識的な動きのためのものだが、不随意筋の緊張は相手の意識にはまったく上ってこない無意識の動きを誘導することになり、それによって相手の意識的な身体運動が無意識下で封じ込まれたり（足腰の筋肉で自分の体重を支えられなくなる場合）さらには相手が意図する動きとは正反対の動きが生じてしまう（自らのけぞっていく場合）。

以上のことを勘案すれば、愛するということによって相手の不随意筋の活性が誘導されるという、摩訶不思議ともいえる現象が確かに存在することが推察される。つまり、愛という人間の根源的な内面の力が他者の不随意筋を活性させてしまうのだが、この点を強調すれば不随意筋の代表格が心筋であることから不随意筋のシンボルとなったハートマークと愛とが密接に関連しているとも結論できるだろう。

俗世間的な表現でも、愛を感じたときに心臓に電気ショックが走ったとか、あるいは心臓がドキドキとしたとかいわれることが多いのも、愛と不随意筋の間の密接な関連があるからではないだろうか。

突然心臓停止に追い込まれた人を胸部電気ショックで救うＡＥＤ装置というものがあるが、都合よくすぐ近くに設置されていることはあまり期待できない。それよりも、停止した心臓を再動させるために、周囲の人達が心臓停止で倒れた人を必死で愛することを普及させたいと願う。

愛によって活性化する不随意筋は、他者の不随意筋に限定されるわけではない。実は、自分自身の不随意筋をも活性化させてしまうことが、僕自身の長年にわたる愛魂の稽古体験から判明している。通常の筋肉トレーニングはあくまで意識的に骨格筋を動かすため、随意筋のみが活性化されるのだが、この場合には骨格筋は固く弾力性のある塊となってしまう。

ところが、愛する対象は相手でも他者でも自分自身でもかまわないが、ともかく愛する内面の状態のままで軽い筋肉トレーニングをするならば、知らず知らずのうちに不随意筋が活性化される。このときには、骨格筋は柔らかく流動性のある軟体動物のような状態となって、効率よく力を発生させて伝えることができる。当然ながら自分自身の心筋も活性化されるために、心臓の機能も向上して心臓疾患に陥る可能性が低くなっていくのではないだろうか。

不随意筋の統御形態を「錐体外路系」と呼ぶことがあるが、それは随意筋の統御形態を「錐体路系」と呼ぶことに呼応してのことだ。この意味で

「愛は錐体外路系に作用する」

といってもよいだろう。

介護現場において、介護される患者を介護人が愛することで患者の不随意筋を活性化させ、随意筋のみでは不自由な動作しかできなかった患者の動きを不随意筋をも使えるようにして改善する手法を、「テレサ・ケア」と名付けて普及することも始めた。このテレサ・ケアにおいては、患者側の改善を望めるだけでなく、愛する側に立つ介護人の不随意筋までもが活性化されるために、老化によって衰える随意筋の働きを不随意筋を併せて動かすことで補完することができる。介護される側も介護する側も必然的に高齢化していく現代社会においては、介護人が日頃から愛を伴った介護を実践していくことで両者の不随意筋を活性化させ、介護される側においては自力での生活ができるようになると同時に、介護する側においては将来にわたって介護される必要がない自力生活を維持する基盤の身体を得ることができるのが大きなメリットとなるのではないだろうか。

病んだ貧しいインドの人々への献身に生涯を捧げたカトリックの聖人マザーテレサにちなんで「テレサ・ケア」と名付けたのだが、実はマザーテレサについては道端で行き倒れとなって自力で動けない男性を、その深い愛によって立ち上がらせる場面がよく目撃されていたというのは、既に第一節においてご紹介したとおりだ。これについては、第九節においても再び触れることになるだろう。

八　愛魂による合気の神意

二〇一一年の四月から毎月二回開催している冠光寺流柔術東京道場では、日曜日の昼十二時半から夕方の六時までの間に二時間半の稽古を続けて二回こなしていく。毎回の稽古に参加する百名近い皆さんの半数以上は東京近郊の女性なのだが、その中でもひときわ目立つのは七〇歳過ぎの元気なお婆ちゃん達で、当然ながら武道の経験は皆無。もちろん関東だけでなく北海道や青森からも通って下さる男性門人もいるのだが、遠くから足を運んで下さる方々は長年武道や格闘技を続けてきた猛者が多い。二ヶ月に一度くらいのペースで山形からやってくる総合格闘技のファイターもその一人だが、これまで彼の顔を道場で見つけるたびに僕は憂鬱になっていた。というのは、鍛えた身体を敏捷に使ってあらゆる場面でバランスよく攻撃してくる彼は、他の猛者達と違ってこれまで道場の誰からも投げ倒されたことがないのだ。

むろん、この僕が出ていったところで、普通の柔術技や力学的な弱点を攻める騙し技は既にどれも封じ込められていた。つまりは、「汝の敵を愛せよ」というイエス・キリストの教えに従うしかないことも、明確にわかってはいた。愛することで発現する「愛魂」の技法を使う以外に、格闘達者な彼の鍛え抜いた動きを制して倒す術はない。

ところが、生来の弱気な僕のこと故、これまでの僕はその総合格闘家相手にキリストの活人術を用いることを避け続けてきていた。彼に対してもし「愛魂」さえも通じなかったなら、こうやって東京にまで道場を構えている面目は丸潰れとなってしまう……。そんな、情けない保身のためだったというのが本音。

さて、二〇一三年の九月の稽古でも、僕はやはり憂鬱になっていた。もちろん、その総合格闘家の男性が山形から出てきていたからだ。しかも、わざわざ僕のところに挨拶にやってきた上で、よりによって翌日の上級者向け特別稽古への参加許可を求めてくる。本当はもちろん断りたかったのだが、気弱なくせに生来の見栄っ張りでもある僕は、愚かにも笑顔で受け入れてしまう。翌日の特別稽古でいったい何をやってみせるのかさえ何も決めていなかったところに、そんな彼の参加を認めるということはまさに自殺行為といえるにもかかわらず……。

そのため、その日の稽古で僕の視線はついついその総合格闘家のほうに向いていたのだが、やはり誰一人として彼を投げ倒すことができていなかった。いつもの稽古のときのようにそんなことなど無視していてもよかったのだが、その日は何故か僕の足が勝手に動いていくのだ。ふと気がつくと、彼の身体に手をかけたまま抵抗されてもがいている一人の男性門人の後ろに立っていた。わざわざそこまでやってきて何もしないで立ち去るわけにもいかないし、近くで稽古していた他の門人達は僕がきっと何か重要な秘伝を教えるか、あるいは僕が代わって総合格闘家を投げ倒すのではないかと考え、大いに注目し始めていた。

そんな視線を感じながらも、いったいどうやってその場から逃げ出せばよいのかを必死で模索していた僕の頭の中に、拙著『伯家神道の祝之神事を授かった僕がなぜ』でご紹介したあの齢八十四歳になられる伯家神道の巫女様の甲高く力強い祓い祝詞が木霊する。それと同時に、他には何も考えていなかったにもかかわらず、僕の口を衝いてとんでもない台詞が飛び出してきた。

「なかなかうまくいかないのは、愛するということがどういうものなのかわかっていないから、愛魂の効果が生まれてこないためです。まあ、ちょうどよい機会だから、神様の愛が如何に深く大きなものかを体験していただきましょうか」

そんな驚くようなことをこの僕が語ったかと思うと、さも日頃からしょっちゅうやっているかのように平然とした表情で両手を男性門人の両肩に置きながら、次なる驚愕の言葉を口走る。

「ほら、神様が降りてきて下さいました。あなたの視野をとおして神様がすべてを御覧になっている気配がわかりますか。その背後にある無条件の愛そのものを感じ取って下さい」

正常な神経の持ち主であればバカバカしくて聞いていられない、いやこの僕とて普通ならとても口にできないような台詞を耳元で囁かれたわけだから、その男性門人の困惑ぶりは並大抵のものではなかった。

もしそのまま何も起きていなかったならば、おそらくこの僕の言動にあきれてしまったその男性門人はその日限りで道場から離れていったに違いない。ところが、ところがだ。まさに事実は小説より奇なりと感嘆せざるを得ないことが、直後に起きてしまう。

そう、神様が降りてきて下さったと伝えたときから、あきれ顔を隠せない男性門人が両手をかけていた格闘家の屈強な身体が、何故か腰のあたりから後ろに反り返っていき、最後には耐えきれなくなって倒れ込んでしまったのだ。しかも、異様な雰囲気でゆっくりと後ろに倒されていく途中では、その違和感に反応した格闘家の驚きの声が響いていた。むろん、口から出任せとしか思えない僕の言動の真意を探ろうとして成り行きを見守っていた他の門人達も驚愕の表情を隠せないでいたのだが、最も驚いていたのはこの僕自身だったのではないだろうか。

いったい何故にこんなことになったのかもわからないまま自分でも理解できないことを口走ったあ

げく、目の前ではこれまで誰にも倒されることのなかった屈強な総合格闘家が武道経験すらない年輩の男性門人の細腕で簡単に倒れ込んだのだ。僕が宣言したとおりその男性門人に神様が降りてきて神通力が使えるようになったため、それまでまったく歯が立たなかった格闘家を倒すことができたと、誰の目にも映っている。

そう、東京道場の稽古の場で僕はいわゆる日本神道の秘儀「神降ろし」に開眼してしまったことになる。僕自身それまでは、合気道の創始者である植芝盛平翁が傾倒していた神道系新宗教「大本」の出口王仁三郎が、信者達だけでなく自らの身にまで「神降ろし」をしていたという程度の知識しか持ち合わせていなかった。にもかかわらず、そのとき自分の目の前で展開されていた不可思議な光景が、実は植芝盛平翁までもが会得して合気道を創始したのかもしれない「神降ろし」に違いないという絶対的な確信が心の奥底に生まれていたのだ。己の思考の中では、口から出任せのような自分の発言のとおりになってしまったことに対する、大きな疑問が渦巻いていたというのに……。

その日の稽古では、さらに不可思議な現象にまでも遭遇してしまう。それは、東京道場に入門してその日がまだ二回目の稽古という、武道経験のない四十代の華奢な女性に現れたのだ。そんな初心者だというのに、片手をガッチリつかんできた相手を愛魂で投げ倒すという難しい技の稽古で、どういう巡り合わせか彼女はよりにもよってその総合格闘家と組むことになった。道場の様子を見渡していたときに気づいた僕は、二人の稽古をそれとなく見守っていたのだが、先ほどの男性門人と同じでまるっきり歯が立たないのはいうまでもない。

まあ、これまで道場の誰にも倒されたことのなかった格闘家と組んでしまったのがその女性の不運だと、いつもなら放っておいたに違いない。だが、少し前に初めて体験した「神降ろし」の余韻に浸っていた僕は、ここで色気を出して再度試してみることにした。つまり、屈強な格闘家に腕をつかまれて身動きできないでいる女性の後ろに近づき、その女性に神様を降ろしてみたのだ。むろんそれが再現できる確証も自信もまったくなかったのだが、再び「神降ろし」を体験したいという強い衝動にかられていた僕は、気がつくと女性のすぐ後ろに立ってやはり出任せを口走っていた。

「どうもうまく愛せないようだから、神様の視点から周囲を見渡せるように神降ろしをしておいてあげよう」

気が狂ったかのような僕の台詞を耳にしたその女性は一瞬こわばったように映ったのだが、直後に鍛え抜いた格闘家の身体が簡単に崩れていったために驚きの表情へと変わっていく。だが、誰よりも驚いていたのは、やはり僕自身だったし、心の奥底で感極まっていたのも事実。何故なら、ひとたび「神降ろし」ができたなら体力的にも精神的にもひ弱な女性であっても、圧倒的に体力に勝る男性を投げ倒すことができるという事実を再確認できたのだから。

だが、事はそんなものでは終わらなかった。僕が初心者の女性に神降ろしをしたままの状態でその場を離れ、他の門人達の稽古に目を配っていたときのこと。道場の中に、神降ろしをした女性に延々と投げられ続けている格闘家の「ウハー」とか「ヒャー」という声が響きわたる。いくら何でも、このままではまずいことになるかもしれないと思った僕は、楽しげな忘我の表情で稽古に没頭しているその女性に後ろから近づき

「もうそろそろ神様には帰っていただきましょう」

といいながら、降りていた神様をお送りしてしまう。まさに、そのときのこと。「神送り」などといっても、普通の人間ならいったい何をどうされたのかまったくわからないはずなのに、何とその女性は

「エーッ、もう行ってしまうの、行かないで！」

と軽く叫んだかと思うと、頭上高く上げた右腕を勢いよく降ろしていったん離れていった神様を自分で引きずり降ろしてしまった！

すると、その女性は再び格闘家の鍛え上げた身体を自在に投げ倒し始めたのだが、その表情からは確かに神様が宿っていたときの忘我の楽しさを読み取ることができた。

こうして、ひとつの驚くべき事実が突きつけられてしまう。そう、その女性の身体から離れ天に舞い上がっていこうとしていた神様を、彼女は自分の右手でしっかりとつかまえ自分だけで引き降ろしてしまったという驚愕の事実が……。

しかし、その女性にそんなことができる能力があったというのが事実であっても、だからといってこのままずっと神降ろしの状態のままにしておくわけにはいかない。そこで彼女を説得して神様を引きずり降ろさないようにいい含めてから再度「神送り」をしたのだが、そのおかげで道場の中からそれまでの不可思議極まりない雰囲気が消え失せ、いつもの見慣れた世界へと戻っていった。

人を神に合一してしまう伯家神道の秘儀を受けていたからこそ、その日の稽古で何故か「神降ろし」をやってみせることができたのだろうが、その人智を超越した効果を目にすれば誰もが「神降ろしをするということ自体」に心を奪われてしまう。ところが、明らかに超常的な現象とはいえ「神降ろし」そのものに価値があるわけではない。「神降ろし」によって我々人間が神の視野をとおして周囲を眺めるという体験をすることそのものに、むしろ大きな意味があるのだ。

もちろん、僕などがすぐにそんな「神降ろし」の本意に気づけるわけもない。それがわかったのは、その翌日に関東を直撃した大型台風による暴風雨の中を集まってくれた、十二名の古い門人達との特別稽古の中でのこと。

稽古が始まってからすぐ、僕は前日にうまくできた「神降ろし」をやってみせることにした。しかも順番で各自に神様を降ろし、そうなったときに稽古相手が何故かいとも簡単に投げ倒されてしまうのだという事実を、実際に自分の身体で体験してもらうことにしたのだ。これには参加者全員がうなり声を上げて納得してくれたのだが、ちょうど前日の総合格闘家を相手にしていた男性門人の番になったときに、再び不思議なことが起きる。

その相手の男性門人の背後に立って他の人達のときと同じように「神降ろし」をしたとき、一瞬だけ僕自身の視界がユラッと曲がったかに映った直後、目の前に立っている男性門人やその相手をしている格闘家の姿だけでなく、目に入るありとあらゆるものが無性に愛おしく思えたのだ。もちろん、そんな思いもすぐに消え去り、後は他の門人達のときと同様に目の前で背を向けている男性門人に神様が降りてきてからは、前日の華奢な女性門人のときのようにがっしりとした格闘家の身体が何故か崩れてしまう。

その後は、稽古に参加していた各人が自分で「神降ろし」のときの感覚を再現して技が効くか否かを試す場面となり、僕は道場の中をゆっくりと歩いて回りながらそれぞれの門人が努力している様子を見守っていた。そのとき、僕はひとつの閃きを得たのだが、それは、あの視界がユラッと揺れた直後に神様が僕の身体に降りてきたのではないかということ。つまり、直接に門人に神様が降りたのではなく、いったんこの僕に降りてから門人のほうに移っていったということだ。こうして、「神降ろし」を自分自身に対してもできるということが偶然に判明したことになる。

さらに特筆すべきは、自分自身への「神降ろし」がひとつの強烈な印象を残してくれたということ。それは、この身に神を受け入れたときの視野の暖かさが想像を絶していたことだ。そこに映るありとあらゆるものに対する無条件の慈愛が溢れ、生きとし生けるものすべてを見守る限りない愛に満ち満ちた神々しい世界が広がっていたのだから。

こうして、ついに「神降ろし」の神意にまでも到達することができた。それは、古今東西を問わず神降ろしによって神人合一を目指す唯一の理由は、それによって何らか超人的なことができるようになるなどといった低次元のところにあるのではなく、神の視野が如何に限りない慈愛に溢れたものであるかを実体験することにあるのだというもの。

僕自身、その昔に広島の山奥で隠遁生活をしていたスペイン人修道士・エスタニスラウ神父から受け継いだキリスト由来の活人術を細々と伝えてはきたのだが、その基本となっているキリストの教え

「汝の敵を愛せよ」

や

「汝の隣人を愛せよ」

の神意までは、とうてい理解できていなかったようだ。単にそのまま言葉どおりに捉え、自分に襲いかかってくる敵そのものを愛するなどという安直な解説しかできていなかったのだから。

神意は、そんな単純なものではなかった。イエス・キリストが、そして隠遁者様が教えて下さったのは、要するに

「神の視野ですべての物事を見よ」

ということ。それこそが、慈愛ということであり、人間に与えられたすばらしい道だったのだ。

そんなすばらしい閃きの連鎖を得た僕は、うれしさのあまり道場の天窓から空を見上げた。すると、そこにたたきつけられていた大型台風が降らせている激しい雨が、何故か慈悲深い神の涙であるかのように煌めいて見えた。ひょっとすると、まだ神の視野をとおして眺めているからなのかもしれない、つまり未だに僕自身への神降ろしの状態が続いているのではないだろうか……。

ふとそう思った僕は、道場の中を見渡して総合格闘家の姿を見つけて近づいていった。他の男性門人の相手をしていた彼に声をかけて、急遽僕の相手を務めてもらうことにしたのだ。

これまで身につけていた柔術の力技や身体技法を駆使しただけでは歯が立たなかった鍛え上げた格闘家相手には、純粋にキリスト由来の活人術技法を用いて倒すしか方法がないとは既に一年ほど前から見当がついていた。だが、「汝の敵を愛せよ」というキリストの教えに従って、彼のような総合格闘技のファイターを「愛する」気にはなかなかなれなかったのも事実。そんなわけで、彼を相手にするときだけは身体構造の弱点を力学的に効率よく攻めていく技法に終始し、その結果すべての技を封じられてしまっていた。

ところが、そのとき初めて「汝の敵を愛せよ」というキリストの教えの神意に気づくことができた僕にとって、キリスト活人術の「愛魂」の技法を用いるために格闘家自身を愛するなどという努力などまったく必要なかった。既に「神の視野ですべての物事を見る」ことができる状態になっていたのだから。確かに、この眼に映るものすべてに限りない神の慈愛が降り注いでいるという揺るぎない確信が生まれていたし、格闘家の屈強な姿もその中に含まれるひとつだった。

気がつけば、その「神の視野」の中に神の愛を受けて存在するすべてのものが、実はこの僕自身そのものだという印象を得ていた。これは、脳出血により大脳左半球が司る言語論理機能を失ったために、突然右半球による世界認識がアメリカの脳精神科医ジル・ボルト・テイラーの眼前に展開されたときと同じだったのかもしれない。視野に映った自分の腕とその先にあった机や床などのすべてのものとの間の境界が消え失せ、自分自身も含めて合一された宇宙の実像を目の当たりにしたという事実は、彼女自身によって既に公表されていたため（『奇跡の脳――脳科学者の脳が壊れた時』竹内薫訳＝新潮文庫）僕も知識としては知っていたのだ。

テイラー医師は、脳出血のための極度の痛みや死を予感する恐怖よりも、すべてのものがひとつにつながったこの真の世界の中に自分も含まれているという気づきがもたらしてくれる、愛に満ち溢れどこまでも美しく穏やかな気持ちのほうが強かったと書いていた。可能ならば、このまま平穏な真の世界にとどまっていたいとまで、願っていたという。

同様に、この僕もまた限りなく慈愛に満ちた世界の中にあまねく融け込んでいたのだ。まさに、自他融合の果てにある神人合一の境地。

そこでは愛するという行為さえも既に必要なく、ただ相手に近づいて手を触れればそこに愛が波立ち、その結果として相手の身体はあり得ないように崩れていく。その祝福された事実を、僕はそれまで大いに苦手としていた総合格闘家を相手に、初めて知ることができたのだ。嬉しさのあまりそこで稽古を中断した僕は、参加していた十二名の古い門人達にすべてを包み隠さず話して聞かせた……。

九　マザーテレサによる愛の教え

前節の最後に独白したごとく、「汝の敵を愛せよ」という「愛魂」の技法を施すために「相手を愛する」必要もなく、さらには自分も含めてあらゆる存在を愛するなどということもいらないという神意に、僕はやっとたどり着くことができた。ただ、「神の視野」でこの世界の中に限りなく降り注がれる神の慈愛を受けるすべてのものをありのままに見るならば、そこには「愛する」という行為すら不要であり、単に相手に近づいて手を触れればそこに愛が波立ち、「愛魂」の効果が現れるという神意に。

そう、愛魂の発現に必要不可欠だと信じてきた「愛する」という自分自身の内面操作など、実は必要なかったのだ！　自他融合の先にある神人合一の境地に立ちさえすれば！

第一節と第七節において触れておいた、キリスト教カトリックの聖人マザーテレサについての逸話を知ることで、この驚くべき真実についての本質についての理解が深まると考えられる。ここでは、

写真26　夕食後に学生寮に寄宿する女子大生達の前で語って下さったマザーテレサ

僕自身がマザーテレサを知るカトリックの修道女達から聞くことができた、マザーテレサにまつわる幾つかの意味深い話をお伝えすることにしたい。実は、岡山にある僕が奉職するカトリック系の女子大を経営する修道女会の修道院に、マザーテレサがご存命中にお出でになったことがある。

そのときの写真を見ていただければわかると思うが、マザーテレサはとても小柄な上に長年にわたる厳しい奉仕活動のために背中も曲がっておいでだった。マザーの横でノートを取りながら通訳をしている修道女は、最近のベストセラー『置かれた場所で咲きなさい』（幻冬舎）で広く知られるシスター渡辺和子であり、日本人の中でも小柄な女性だ。そのシスター渡辺よりもさらに小さなマザーテレサについて、次のような驚くべき逸話が残っている。

所用で修道院を出て田舎道を歩いていたとき、道路脇の溝に落ちたまま行き倒れになっていたインド人の男性を見つけたマザーテレサは、溝に降りていき弱って動けなくなっている男性の手を取ったかと思うと、サッとご自分の肩に担ぎ上げた。そのまま行き倒れの男性を担いで道路に上がっていったマザーは、まるで何事もなかったかのように右肩でその男性を支えて歩き始める。すると、それまで衰弱しきって歩けないどころか立つことさえできなくなっていた男性が、マザーの小さな身体を支えにしてトボトボと歩いていったのだ。

修道院が開設している救護所に向かってしばらく行ったところで、今度は道端に倒れ込んでいる男性を見つけたマザーは、右肩で先ほどの行き倒れの男性を支えたまま左手で倒れている男性の左腕をつかんで引っ張り上げる。すると、自分の力では立ち上がることができずにいた男性がヨロヨロと立ってくるのに合わせ、マザーはそのままご自分の左肩で新たな男性を支えるように担ぐ。衰弱して行き倒れたとはいえ、身体の大きなインド人男性二名を両肩に担いで歩いていく年老いた老女の姿は、周囲から見れば明らかに異様というか、あり得ないものだ。だが、それがマザーテレサの場合には、誰の目にもごく普通の日常的な光景として映ってしまうのだという。

また、ちょうどアメリカから訪れていた天使を見ることができる修道女がそのときのマザーテレサを目撃したところ、何とマザーテレサの両肩に担がれるようにしていた二人のインド人男性の外側には、彼等を抱えるようにして二人の天使が浮かんでいたともいう。マザーのように日常の中で常に愛に生きるならば、ひょっとするといつも魂が解放されて身体の周囲に大きく広がっているため、その一部がまるで天使の姿のように見えるのかもしれない。あるいは、必要となったときに本当に天使が現れて助けてくれるのだろうか。

欧米のキリスト教文化圏や中東のイスラム教文化圏においては、天使という存在が神の使いとして時として人間に啓示を与えたり救いの手を差し伸べるために現れるといういい伝えが少なくない。我が国においては、そのような存在は天狗や天女として語られてきたが、中でも普通の人間の姿形で現れて人々の窮地を救ってくれるものは権現様と呼ばれ、多くの場合その出現を奉るために権現神社と呼ばれる神社が建立される。

第一節においてもご紹介したが、実はマザーテレサについてのこの驚くべき逸話を僕が勤務する大学構内で一人の修道女が教えて下さったのは、しばらくぶりにお目にかかったご挨拶の中の近況報告で、この僕が岡山や東京で道場を開いてまで「愛することで相手の身体を動かしてしまう『愛魂』という不思議な技法」を皆さんに伝えていると話したのを受けてのことだった。特に「横たわっている人でも、愛しながら引っ張り上げれば簡単に起き上がってくるのですよ」と僕が少し自慢げに吹聴したとき、その修道女は格段驚いた様子もなく笑顔のままで応えて下さった。

「あらまー、それはまるでマザーテレサのようでいらっしゃいますね！　すばらしいことですわ」

驚いたのは、僕のほうだったのだ。まさか、僕以外の人間が既に「愛魂」を実践していたとは思ってもみなかったのだから。だが、よくよく考えてみれば、人々への無償の奉仕に身を捧げたカトリック修道女マザーテレサならば当然のこと。「汝の隣人を愛せよ」あるいは「汝の敵を愛せよ」というイエス・キリストの愛の教えに生きたマザーであればこそ、無意識のうちに「愛魂」というイエス・キリストの活人術を操ることができるまでに神の祝福を授かっていたに違いないのだ。

こう理解できたときから、僕は「愛魂」の技法、つまり「愛することで相手の不随意筋を活性させる」という現象を「マザーテレサ効果」と呼んでいる。

マザーテレサの日常においては、そのすべてが愛の現れであったと聞く。ノーベル平和賞を受賞されたり、故ダイアナ妃が親しく訪問されたり、あるいはカトリック法王庁から聖人に認定されたときなどによく報道されたマザーの愛についての逸話にこのようなものもあった。

それは、救護所に運び込まれたやはり行き倒れのインド人男性の世話をマザーがなさっていたとき、膿んだ傷口に湧いていた蛆を見つけたマザーがすぐに素手でつかんで取り払っていく。それを申し訳なさそうに見ていた男性がマザーに

「他のシスターや看護婦さん達は傷口の蛆を見ても医師を呼んでくるだけで、医師もピンセットで取ってくれるだけです。なのに、どうしてマザーはすぐにご自分の指で取り払って下さるのですか？」

と聞いたのに対し、マザーテレサは次のように答える。

「どうぞ、他の人達を許してあげて下さいね。あの人達はあなたを愛そうとしているだけで、まだ本当には愛せていないのです。でも、今に愛せるようになりますから、それまで待ってあげていただけませんか」

そう、頭で考えて「愛そう」と思っているうちは、まだ「愛する」という内面の状態にはほど遠いということだ。「愛そう」とか「愛」だなどとは微塵も思わず、ただ目の前の衰弱し怪我をしている人の傷口に蛆が湧いているのが見えたときには、とっさに手が動いて指で蛆をつまみ出しているという行為の中にこそ「愛」があるのだから。まさに、「神の視野」ならぬ「神の行い」がそこにあり、「神の視野」で周囲を見ている内面の状態が「愛する」ことであったごとく、「神の行い」を周囲に施している内面の状態もまた「愛する」ことに他ならない。

僕が道場などでいくら声高に「愛せよ」と叫んでみても、なかなか「愛魂」がうまくいかないと弱音を吐く皆さんも多いのだが、それは既にマザーテレサのお言葉にあるとおりの理由によるのだ。つまり、「愛魂」に必要なマザーテレサ効果が発現していないのであれば、その「愛する」というのは単に頭で考えて「愛そう」と思っているにすぎないということ。

この点を間違えないように、心して修行していかなければならない。

マザーテレサについての愛の逸話には、次のようなものもある。

それは、小さい頃に親からはぐれたり、あるいは親に捨てられた子供が森林の中で野獣に混じって生き延び、何年か後に村の人々に助けられてマザーテレサの救護所に連れてこられたときの話だ。人間の言葉を理解しないのはもちろんのこと、救護所で出される暖かい食事にも手をつけず、世話をする人々に怯えるあまり隙を見ては逃げ出して森の中に帰ろうとする。そんな子供に手を焼いていた救護所にマザーが戻って最初になさったことは、アメリカから研修のための奉仕活動にやってきていた一人の若い修道女に対し、これから毎日二十四時間片時も離れることなくその子供を抱きしめておくように命じたことだ。

尊敬するマザーテレサの厳命ということで、もちろんその若いシスターは野獣の匂いのする子供を抱こうとするが、いったい何をされるのかまったく理解できない子供は明らかに攻撃的な眼光で叫びながら抵抗し、シスターも泣きながら子供の腕をつかんで抱きしめる。なぜ自分がこんなことをしなくてはならないのか理解できなかった若いシスターだったが、それでもマザーのいいつけに従って連日最大限の努力をしていった。その子供はやはり動物のような反応を示すだけだったにもかかわらず、若いシスターはマザーテレサの言葉を信じながらひたすら報われない日々を重ねていく。

その日もまたいつものようにその子供を抱いて救護所の中を移動していたとき、マザーテレサに呼び止められた若いシスターは注意を受ける。

「あなたは、いつまでそうして獣を抱いているのですか。あなたがその子を自分の子供として抱かない限り、その子は人間には戻れないというのに」

この一言でマザーテレサの真意を知らされたシスターは、もちろん修道女であることからこれまで自分が母親になるなどとは思いもしなかったのだが、その子供を我が子として抱くように深い愛情を注いでいった。

すると、どうだ。その子供の目から攻撃的な眼光が消えていったかと思うと、逆にその子供のほうから若いシスターを頼って縋《すが》るようになってきただけでなく、シスターの手から食事を取るようになっていく。こうして、野生の心の奥底に幽閉されてしまっていた魂が母親代わりのシスターの愛によって日に日に解放されていくことで、その子供は確実に人間性を取り戻していったという。

僕がこの話を聞いて真っ先に確信したのは、これはまさにキリストの活人術そのものではないかということだ。キリストが救世主と呼ばれているのは、実は当時エジプトの地で搾取され続けていたユダヤ人達にとっての救世主ではなく、人間の心の中に閉じこめられている魂を愛によって解き放つという意味の救世主だといわれている。つまり、救世主としてのキリストの御業は、愛によって人々の魂を解放し活き活きと生きていくように導くことだったのだが、それがキリストの活人術の実体でもあるのだ。

マザーテレサは、動物となっていた子供にキリストの活人術によって人間としての生を蘇らせることができるように、その子供を抱いて母親としての愛情を注ぐよう若いシスターに促したに違いない。まさに、イエス・キリストの教えを現代に受け継いでいた、マザーテレサなればこそのすばらしい愛の実像ではないだろうか。

マザーテレサはご自分の心の内で人々を愛そう、あるいはすべてのものを愛そうなどとされたことなど、一度もないはずなのだ。彼女はただただ神に仕え、神に祈り、神に生きていたため彼女の視野は神の視野そのものとなり、彼女が行き倒れの人に手を差し伸べればそこに愛が沸き立ち、その傷口に巣くう蛆を指で摘めばそこに神の愛が輝いている。そう、ただ、それだけなのだ。それが、真の愛というもの……。

こうしてマザーテレサの愛についての神意にも気づくことができた僕の心の奥底で、ひとつの確信が生まれようとしていた。それは、このような意味で真に愛に生きたマザーテレサ同様に、合気道の開祖である植芝盛平翁もまた真に愛に生きた武道家だったということ。これについては最終節において詳しくお伝えしていきたい。

十　ヘレン・ケラーに見る愛と魂の役割

前節の最後にご紹介したマザーテレサについての愛の逸話からすぐに思いつくのは、いわゆる三重苦を克服したことで世界中に知れ渡るアメリカのヘレン・ケラー女史の物語だ。彼女がまだ一歳九ヶ月にしかなっていなかったとき、高熱を伴う重い病気にかかったことで三重苦、つまり見ることも聞くことも話すこともできない状態になってしまった。二歳前といえば、健常な子供でもまだ身の回りのものに対応する簡単な単語程度しか理解できていないわけで、そんなときから視覚と聴覚を完全に失った上に、自ら言葉を発する機能も消失してしまったヘレン・ケラーのその後の苦労にはすさまじいものがあったはずだ。まさに、親からも捨てられ森の中で野生の動物達のように生き抜いていたところを、幸運にもマザーテレサの救護所に連れられてきたときのインドの子供と同じような……。

いや、ヘレン・ケラーの場合はそれ以上に厳しく暗いものだったに違いない。何故なら、インドの子供の場合は視覚と聴覚は完全だったし、見つけ出されたときこそ人間の言葉を話したり理解することはできなかったのだが、修道女達による愛に溢れた介護によって魂が解放されてからは会話も可能になっていった。ところが、ヘレンには一生涯見ることも聞くことも話すこともできないという、神に見放されたかのような苦痛に満ちた人生しか期待できなかった。絶望の淵にあるというどころか、まさに絶望しかなかったはずなのだ、彼女の内面には！

既に言語能力も完成し、長年の間に見聞きし体験してきたさまざまな社会環境を理解し想像力や論理思考力も身につけている大人が、ある日から突然に三重苦になった場合でも、それ以降の人生における苦悩の大きさには想像の域を遙かに超えるものがあるはず。ところが、ヘレン・ケラーの場合には、そんな確固たる内面の形成さえまったくできていなかったときに、突如として視覚、聴覚そして発声力を失ってしまったのだ。その瞬間に始まる混乱の極致に陥った内面は、視覚と聴覚によってもたらされるはずの感覚が完全に遮断され、わずかに触覚と味覚のみによる不安と恐怖を伴う外界情報のみによって築き上げられるわけで、そこには混沌しか生まれることはないはず。

ヘレン・ケラーの物語を描いた伝記や映画の場面を見ると、確かに三重苦の子供として育てられていたときのヘレンの行動は恐怖に根付いた過剰反応であり、捕獲された直後の野生動物に似た攻撃性すらあったようだ。これでは正常な視覚と聴覚を有する犬や猫の子供を育てるほうがよほど簡単だっただろうが、それでも両親を含めて周囲の人達は彼女を人間の子供として育て上げようと最大限の努力を惜しまなかった。

だが、そんな努力も徒労でしかなく、ヘレンの内面に人間の心が生まれる気配はまったく見られなかった。当然といえば、当然のことだろう。この世に生まれ落ちてきた直後から何も見ることも聞くこともできず、話すことさえできない子供が、自分自身の身体部位を含め身の回りにあるさまざまなものをいったいどうやって概念化して理解していくことができるというのだろうか？　ちょっと想像力を働かせてみれば誰にでも容易に思い描けるはずだが、そもそもそれは不可能なことではないのだろうか。何故なら、自分の周囲にある環境を概念化していくためには、視覚によってそれを知覚し、それについて注目していることを言葉で周囲の大人に知らせ、その大人が話してくれる言葉を聴覚で知覚したり、大人が書いて教えてくれる文字を視覚で知覚するという教育プロセスが必要不可欠となっているからだ。

こうして、少女期を迎えてもなお動物的反応に終始していたヘレン・ケラーの教育のために、家庭教師として派遣されてきたのがサリバン女史だった。むろんヘレン・ケラーの伝記において特筆されるのが、サリバン女史とヘレンの間に繰り広げられた攻撃的な拒絶から反抗、そして融和から愛情へといったヘレンの側の内面の変遷だろう。だが、ヘレン・ケラーの家庭教師の人選にどのような経緯があってサリバン女史が採用されたかについては、まったくといっていいほど描かれることはない。そのため、一般の人々の間ではサリバン女史についての正確な理解が欠けてしまい、単に実直で根気強い厳格な教育者というイメージでしか捉えられていないのが事実。

そんな描像に終始する伝記映画などで、サリバン女史がヘレン・ケラーの両手に後ろから自分の両手を添えて人間らしい食事の取り方を教える場面では、反抗をとことん示すヘレンが口の中に入った食べ物を手探りで見つけたサリバン女史の顔に向かって勢いよく吐き出す映像などが使われ、ヘレンの攻撃的な内面が浮き彫りにされる。そして、連日繰り広げられるそのようなすさまじいまでの反抗に耐えながら、少しずつヘレンの内面を人間的なものに変えていくサリバン女史が時にはどうしようもない怒りや絶望に駆られてヘレンにきつくあたり、あるいは自分の非力を嘆いて一人涙する場面などに読者や観客が心打たれるのだ。

そうして、ヘレン・ケラーの混沌としていた内面に人間としての思考の力を生み出すため、文字と言葉を教えようとするサリバン女史の行動にスポットライトが当てられることになる。そのため、嫌がるヘレンの手をつかんで無理矢理に水道の蛇口から落ちてくる水がヘレンの手にかかるようにし、直後にヘレンの手のひらに指先で「water（水）」と書いてみせるといったシーンが続くことになる。むろん、何が何だかわかるはずもないヘレン・ケラーは狂ったように抵抗し、それを腕力でねじ伏せてでも文字を教え込もうとするサリバン女史の意気込みと使命感の強さに、多くの人々が感動するのだ。

だが、人一倍へそ曲がりだった僕が中学生のときに学校の映画観賞会でヘレン・ケラーの物語を初めて観たとき、特にサリバン女史がまるで犬や馬を調教するかのように強引な行動に出る場面にはと

写真 27　岡山のカトリック系女学校の正門で女子生徒に向かうヘレン・ケラー女史（左）

ても納得できなかった。そんなやり方で文字と対象物の間の関連性を教えていくことの延長で人間の心の持つ奥深さ、特に成人してからのヘレン・ケラーのように健常な他の淑女達に勝るとも劣らないすばらしい知性と教養を育むことができるとは思えなかったからだ。

結果として、実際に成長してからのヘレン・ケラーは三重苦を完全に克服し、全米の各地で指の動きを使った手話をとおして見事なスピーチを行い、多くの聴衆を感動させることができる才媛としての高い評価を受けている。それだけでは、ない。太平洋戦争が終結して間もない昭和二十五年。僕が奉職するカトリック系の女子大の前身だった女学校を、戦後の混乱の中で守り抜いていたアメリカ人の修道女達を激励するため、船と飛行機と蒸気機関車の時代に鉄道を乗り継いで岡山に来ているのだ。むろん、三重苦の、つまり何も見えず、何も聞こえず、何も話せない状態のままで……。

考えてもみてくれ。いくら子供のときからの三重苦を克服したとはいえ、三重苦の状態であることに変わりはないのだ。そんな不自由な身体で、母国から遠く離れた極東の島国までやってきただけでなく、アメリカによる占領がやっと終了しようとしていた混乱の時期に、健常な日本人ですら決して楽ではなかった岡山に至る貧弱な交通手段に長時間身を委ねること自体、彼女の心の中に苦痛と不安しかもたらしてはいなかったはず。

それを乗り越え、彼女は修道女達を勇気づけるために、本当に岡山まで足を運んでいた！　この驚愕の事実に気づいたのは大学の史料編纂室でマザーテレサ来訪時の写真を見せていただいたごく最近のことだが、そのときにふと思ったことはヘレン・ケラーには神様が降りてきていたのではないかということだ。三重苦によって通常の人間の意識の発芽を絶たれていた彼女だったからこそ、そんな小さな人間業の限界を超えた神業によって活かされていたのではないだろうか？　つまり、彼女は己の視野がなかったからこそ、神の視野で周囲を看ることができていたし、己の聴覚がなかったからこそ神の声をありのままに聞くことができたし、自分では何も話すことができなかったからこそ神が代わって人々の魂に語りかけてくれた……。日光東照宮にある、いわゆる「見ざる、聞かざる、いわざる」の教えそのものを体現したのが、ヘレン・ケラーだったのではないだろうか？

しかし、ヘレン・ケラーの伝記や映画を観る限り、サリバン女史による教育がアメリカにおける標準的な、つまり社会慣習的なキリスト教の枠組みを大きく超えるものとは考えられなかった。その点に疑問を覚えたことがきっかけで、僕は柄にもなくヘレン・ケラーとサリバン女史について、伝記などには決して描かれることのない真実について詳しく調査していくことになる。そうして、幸運にも見出すことができたのは、次のような事実だった。

幼い三重苦の少女を教え育てるのは、当然ながら困難極まりないことで、ヘレン・ケラーの家庭教師として雇われた女性達は誰も長続きせず辞めていった。そんな状況の中で、巡り巡って次の家庭教師の人選を依頼されたのは、全米スウェーデンボルグ（原語の発音では「ズヴェーデンボルイ」となる）協会の副会長をしていたために、人間の魂の働きや神とのつながりを深く理解している人物だった。通常の教育手法では不可能な事例だと見抜いた上で選んだのが、実は彼がスウェーデンボルグ協会の新星として大きな期待を寄せていたサリバン女史だったのだ。

つまりサリバン女史は単なる教育者ではなく、十八世紀のスウェーデン最古のウプサラ大学で研究をしていた科学者であり神秘主義思想家としても有名な、エマヌエル・スウェーデンボルグの形而上学的な教育指導原理に精通した人物だったといえる。鉱物学においても名を残しているスウェーデンボルグは、旅先の旅籠で突然に霊界からの使者達が見えるようになったのを契機として、目に見えない霊魂の世界へと誘われたり、テレパシーや予知といったいわゆるスピリチュアルな超能力によって、人間の本質が神の愛そのものであると見抜いた異才として知られている。

そんなスウェーデンボルグに傾倒し、『天界と地獄』（アルカナ出版）など神と霊魂についての交流について彼が書き残した多くの著作に学ぶことで、人間の本質が意識や心ではなく魂にあることを深く理解していたサリバン女史であったからこそ、ヘレン・ケラーの内面に初めて愛の灯火を導くことができたのではないだろうか。その手法は、流れ落ちる水に無理矢理ヘレンの手をつけさせてからその手のひらに「water」と書いてみせる、動物の調教にも似た訓練教育などではなく、神の愛にすべてを委ねるといったキリスト教神秘主義の色濃いものであり、譬えればマザーテレサが若い修道女に命じて獣のように育っていた子供を抱き続けるといった技法に近いものだったのではないだろうか？

確かに、ヘレン・ケラーの伝記映画においても、とことん動物のように反抗するヘレンに手を焼いたサリバン女史が、最後には自分でも泣きはらしながらヘレンの身体を強く抱きしめていくうちにヘレンの内面に人間味の明かりが灯されるという場面があったと記憶する。そう、このときサリバン女史はスウェーデンボルグによって伝えられていた秘儀によって、神の愛を直接ヘレンケラーの魂へと降り注がせるというキリスト教的な「神降ろし」を実現していたと考えることはできないだろうか？

もしそうであれば、三重苦の暗闇に迷っていたヘレン・ケラーの内面に神の愛をもたらすことでヘレンが三重苦を克服することができ、その後のサリバン女史による心の教育を受けることができるようになったのも理解できる。さらには、サリバン女史によるキリスト教的な「神降ろし」を経て三重苦を克服できたヘレン・ケラーもまた、その後サリバン女史と同様の「神降ろし」を操ることができていたとも推測できる。

だからこそ、三重苦のままであってもなお、あの終戦後の混乱の時代にアメリカ本土から敗戦復興国日本の片田舎である岡山にまでもやってきて、貧しい敗戦国の子女教育に一生涯を捧げていた同胞の修道女達を勇気づけることができたのだ。ヘレン・ケラーの視野は真っ暗闇などではなく、他の誰よりも神の愛によって明るく輝いていたに違いない。

十一　愛魂の代替技法

ここまで読み進んでいただいた皆さんには、「愛」が持つ不思議な身体的効果についての一端を知っていただけたと思う。これまでの解説では、主としてこちらに襲いかかってくる相手そのものを愛するとして、イエス・キリストによる「汝の敵を愛せよ」という教えの重要性を強調してきた。だが、愛するということが「神の視野」ですべてを見るということに他ならないという新たな気づきを得てからは、愛する対象としては何も攻撃してくる相手に限らず、生きとし生けるものすべてであってよいということも理解できたのだ。

それだけでは、ない。マザーテレサが身をもって示して下さったように、「神の視野」で周囲を見ながら生きていくならば「愛する」という行為さえ必要がなくなる。ただ、そこに生きて在ること、ありのままに動くことで、いつでもどこにでも「愛」が沸き立ってくるのだ。そう、神の慈愛がすべての存在に降り注がれるようにすることこそが「愛魂」といえるのだから。

とはいえ、現代の文明社会に生きる誰しもがすぐにマザーテレサのようになれるかというと、それは決して不可能ではないだろうが簡単なことではないはず。やはり、最初のうちは自分自身の内面での「愛する」という行為から学んでいく必要があるのではないだろうか。

もちろん、愛するという内面の状態には、修道女のようなキリスト的な愛だけではなく、それこそ男女の愛から兄弟愛、さらには偏愛や略奪愛などといったさまざまな愛があるのも事実。ならば、それらは互いに違うものなのか、あるいは根源的に同じものなのかというと、少なくともこの僕にはわからないというのが本音だ。だが、それらのうちのどの愛を使ってみても、少なくとも「汝の敵を愛せよ」というイエス・キリストの教えに基づく「愛魂」の効果に違いがないことは、稽古の現場で実証ずみ。

例えば、第六節で見てきた愛魂修練技のひとつ「愛魂倒し」を再び取り上げる。腰をどっしりと極めて脚を前後に開いて安定に立っている相手に後ろから近づき、相手の手先と肩に手をかけて後ろに引き倒そうとする。しかし絶対に倒れないように踏ん張っている相手を力で倒そうとしても、相手はなかなか倒れない。そこで、相手を愛する。するとこちらの魂が解放され、その魂が相手の魂と同じものとなって相手の不随意筋を動かすこととなり、まるでこちらが相手を引き倒したかのように後方に反り返って倒れてくれるのだった。

その「相手を愛する」の部分の「愛する」というこちらの内面状態を、仮に相手も自分も男性だとして、ここでまずこちらが同性愛者のように相手を愛することにしてみる。すると、異様な光景に映っ

写真 28　同性愛的な愛でも愛魂の効果がある

てはいるが、確かに相手に愛魂の効果が現れて無意識のレベルで後ろに倒れる動きをしてしまう。

昔から日本では「オカマと喧嘩するな」、欧米では「ゲイとは争うな」という警句が密かに伝えられてきたように、同性愛の男性は何故か喧嘩に強いという評価がある。これは、日常的に男性を愛することができる男性が自分を攻撃してくる相手が男性であっても心の奥底で愛することができるために、知らず知らずのうちに愛魂の効果を用いているからではないだろうか。

次に、相手が女性で自分が男性の場合、あるいは逆に相手が男性で自分が女性の場合に、いわゆる男女の愛で相手の両肩に手をかけて愛してみる。この場合も、もちろん相手に愛魂の効果が現れて倒れてしまう。

写真29　男女の愛で相手を愛したときも、やはり愛魂の効果はある

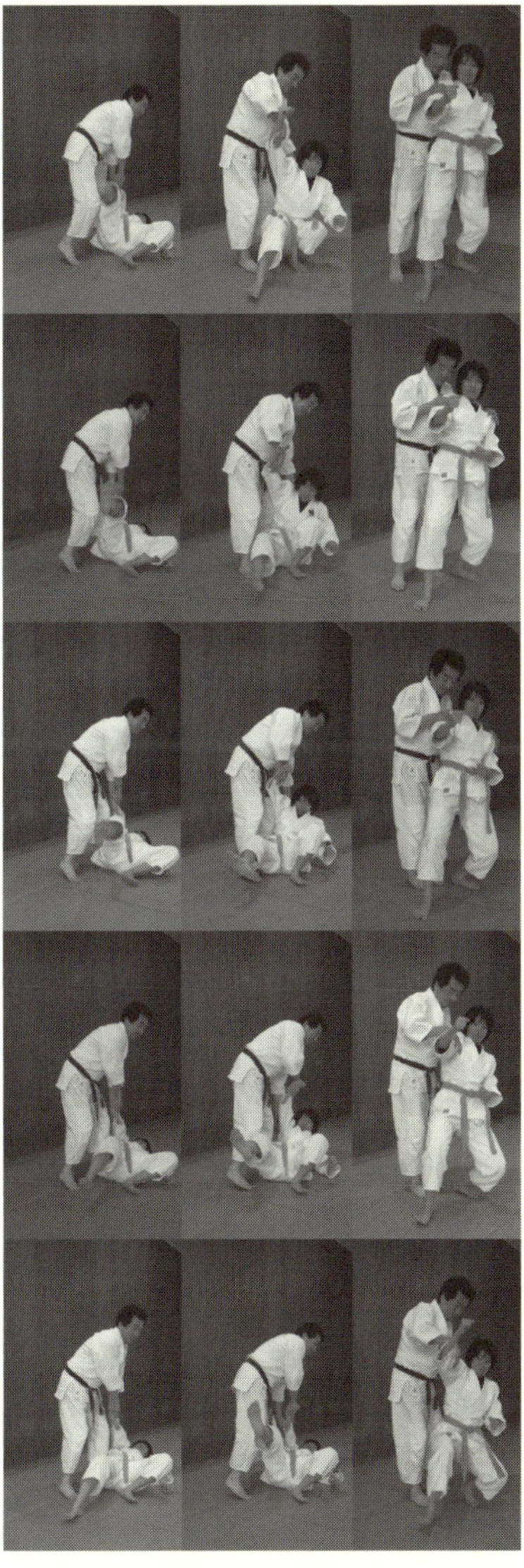

もちろん、愛する対象としては攻撃してくる相手に限らず、生きとし生けるものすべてとしてよかったのだ。それによって、神の慈愛が「神の視野」に映るすべての存在に降り注がれるようにするのが、真の愛魂だと既に学ぶことができているのだから。

そして、このような慈愛とは対極に位置すると考えられるものに偏愛とか溺愛があるが、一見して自己中心的なよくない愛情だと思えるにもかかわらず、愛魂の効果を引き出すという点においては他の愛に比べて決して劣るものではない。まあ、偏愛や溺愛の対象が人であれ物であれ、このような極端な愛はその対象に対する関心の度合いが異様に大きくなったものであるため、マザーテレサによる「愛の反対は無関心」との教えからも確かに強い愛に違いはないのだから。

写真30　神の慈愛で生きとし生けるものすべてを愛したとき、当然ながら愛魂の効果にはすばらしいものがある

　ここでは、偏愛のひとつであるフェチズムを例にとって、仮に自分が人間の頭髪に異常な関心を持っていて、密かに何千本も収集している「頭髪フェチ」だと想定してみる。そんな自分の目の前に初めて見る種類の頭髪を持った相手が立っているとしたら、その相手の頭髪に対して驚きの眼を向けると同時に心の底からそれを自

写真31　「頭髪フェチ」になって相手の髪を愛したときも、やはり愛魂の効果が出てくる

分の収集コレクションに入れたいと願うだろう。そんな頭髪フェチになりきった上で相手の肩に手をかけてみれば、やはり愛魂の効果が現れて相手は簡単に崩れ落ちる。

このように、愛魂の効果を生むという点においては、どのような愛もすべては同じだということになるようだ。それではということで、逆に「愛魂の効果が出てくる」ということを広い意味で「愛」

だと判定するための基準にするならば、意外なものまでもが愛だということになってくる。以下にご紹介するものは、すべて道場での稽古のときに何故か僕自身がふと思いついたり、あるいは稽古をしている人達から想定外の質問を受けたときなどにその場しのぎで苦し紛れの返答を考えたり、ふと気になって僕が逆に聞いてみたりしたときに閃いたものだ。
いつも頭で考えているような人は、相手を愛そうとしてもついつい「相手を愛さなければ……」と考えてしまい、結果として「愛する」状態にはなかなかなれず単に「愛そうと努力する」状態にしかなれない。道場稽古の場においても、そのような人はかなりの割合になってしまい

「さっきからずっと愛しているのに技が効きません」

と訴えてくることが多い。僕が

「いや、それは愛しているのではなくて、愛そうと努力しているだけですから愛魂の効果は現れません。ちゃんと愛してください」

と注意しても、やはり思考の呪縛からは逃れられないようで

「えー、おっしゃられていることの意味がわかりません。ちゃんと教えてください」

となってしまう。

こうなったらもう何を言葉で説明してもだめで、このような人の場合はともかく思考を完全に停止させる必要がある。しかし、生まれてからこのかた云十年の間ずっと常にクルクルと頭を動かして考えながら生きてきた人に「考えるな」と命じても無理な相談。だが、そうしない限り本当に愛するという状態にはなり得ないのだ。

「あなたには愛魂は無理です」

と冷たく宣告して突き放せばよいのだが、そこは生来の優しさが仇となってしまい、何とかしてあげようと悶々としてしまう。どうやったら思考人間の思考を完全停止させることができるのか……?

そのとき、ふと口を衝いて出てきたのが「駄々っ子」になれということ。いったい何故そんなことを思いつけたのか、後でいくら考えてみても自分ですらまったくわからないのだが、ともかくまるでそんなことは昔から知っていたかのように自信満々な様子に終始した僕は、腰を極めて盤石の体勢で立っている相手の肩に後ろから手を置く。直後、その昔小さな子供の頃にデパートの玩具売場で自分が欲しい玩具を買ってもらえなかったときに、誰もがやったであろうように首を左右に小刻みに振りながら「ワーッ」と駄々をこねながら相手の肩を軽く下に引っ張る。すると、どうだ。相手はまるで愛魂の効果によって崩されるかのように、あっという間に倒れてしまう。

写真32　「駄々っ子」になって全身を使って駄々をこねたときもやはり愛魂の効果が出てくる

つまり、「駄々をこねる」ということも、愛魂の効果を引き出すという点では、やはり広い意味の「愛」の表現ということになるのかもしれない。これについては異論もあるかもしれないが、例えばよくある恋愛ものの映画やテレビドラマなどで、自分を捨てて他の女性に鞍替えするために出ていこうとする男の胸板を「バカバカ……」と泣きじゃくりながら両手で叩いていくうちに、男が気変わりして出ていくのをやめるシーンがあることから、明らかに男女の間での「駄々こね」は「愛」なのではないだろうか。

神戸道場での稽古のときにこの「駄々こね」をご披露し、皆さんで互いに試してもらっていたとき、一人の古くからの門人がやっていた動きが際だっていた。それは、「駄々をこねる」という行為の一部とも考えられる「地団太を踏む」という動作だ。思いついたが吉日ではないが、ともかくすぐに試してみたくなるのが常の僕。実際にやってみると、確かに普通の首を振るだけの「駄々こね」よりも効果が大きい。ということで、それ以来この「地団太踏み」もまた愛魂の効果を引き出す広い意味の「愛」ということにして、稽古の中に取り入れている。

写真33「地団太を踏む」ときもやはり愛魂の効果が出てくる

このように、愛魂の効果を生むということで特徴づけられる広い意味の「愛」の行為には、常識的に見てあまり愛しているとは考えにくいものまでもがあるのは驚きだ。もちろん、そのような極端なものに比べ誰の目にも確かに「愛」の状態に近いものだと納得しやすい行為であれば、それが愛魂の効果に結びつくと考えることは間違いではない。

例えば、これは名古屋道場に稽古に通ってきて下さる、武術や格闘技について科学的見地から斬新な研究を続けてこられたことで広く知られる物理学者の方にうかがった話だが、彼は特に女性と稽古するときにはいつも完璧に愛魂を操ることができる。男性と稽古するときも愛魂の効果を使えてはいるのだが、女性相手のときに比べればいささか見劣りがしていた。日本人男性の場合は逆で、男性相手の稽古で愛魂が上達してきた男性門人が、女性、特に若くて魅力的な女性が稽古相手となってしまったとたんに愛魂がうまくできなくなってしまうのが普通だ。

不思議に思った僕が、その物理学者に女性相手だと見事に愛魂の効果を引き出すことができる理由を聞いてみたところ、非常に興味深い話を教えて下さった。それは、彼が若いときにカナダのカルガリーに留学に行ったときの経験談だったのだが、何と彼は現地でユング派精神分析の専門家による人格形成の講習を受けたというのだ。ユング派精神分析とは、スイスの高名な精神分析医だったカール・グスタフ・ユングがフロイトの精神分析を超えるものとして提唱した、魂による無意識の部分に着目する精神分析学の一派であり、ノーベル賞を受賞したスイスの天才理論物理学者ヴォルフガング・パウリと共にテレパシーや予知といった超能力についての研究を精力的に行ったことでも知られる。

そんなユング派の精神分析医による人格形成のワークショップを受けたきっかけは、僕が実に気に入って共感したことなのだが、彼は学生や大学院生あるいは大学のスタッフなど現地の白人女性達の前で自然に振る舞うことができず、逆に皆から変人扱いされてしまったことだった。僕が大学院の途中からスイスのジュネーブ大学に赴任できたとき、フランス文化圏だった現地では学生でもスタッフでも、ともかく知人の女性に廊下などでその日初めて出会ったときには抱き合って左右の頬にキスをするというのが普通の挨拶となっていた。最初の頃はそれがなかなか自然にできず、大学では研究室や地下の図書室に籠もってできるだけ女性に出会わないように逃げていたものだ。そんな自分の経験と重なって、少なくとも僕にはその物理学者の若き日の苦悩がよく理解できた。

だが、そこは単に逃げ回っていた僕などと違って東大の物理学科を出た秀才のこと、彼自身の内面の問題として積極的に解決しようと考え行動に移す。それが、現地で開業していたユング派精神分析の専門医に相談するというものだった。まさにキリストの教え「叩けよ、さらば開かれん」と「求めよ、さらば与えられん」に従ったわけだ。その結果、日本人男性の典型的な人格の中に欠如していた部分を見抜いた精神分析医が与えてくれたのが、欧米人男性としての標準的な人格を再形成するための処方だった。

そのワークショップを受けたことで、若き日のその物理学者は現地の白人女性達に対する精神的な障壁を完全に払拭することができ、それ以降は彼女達の前でごく自然に欧米人男性と同じように振舞うことができるようになったという。なるほど、そういえば稽古の中だけでなくその後何人かで飲みに行くようなときでも、この物理学者はまさに僕自身と同じで、いつ如何なるときでも欧米の紳士のような自信に溢れた笑顔で女性達に接していた。そんなことが自然に身に付いているのは僕くらいのものだろうと思っていたのだが、僕以外の日本人男性で同じことをしていた人物を初めて見出したわけだ。

それと同時に初めて気づくことができたのは、自信を持って堂々と女性をエスコートするときの男性の内面というものが、これまた「愛」の状態だということ。実際にやってみると、周囲で見ている人達の目にはそこに愛があると思えるようだ。ただ、衆人環視の中でこれをこなす場合、日本人男性には少し訓練が必要となるかもしれない。

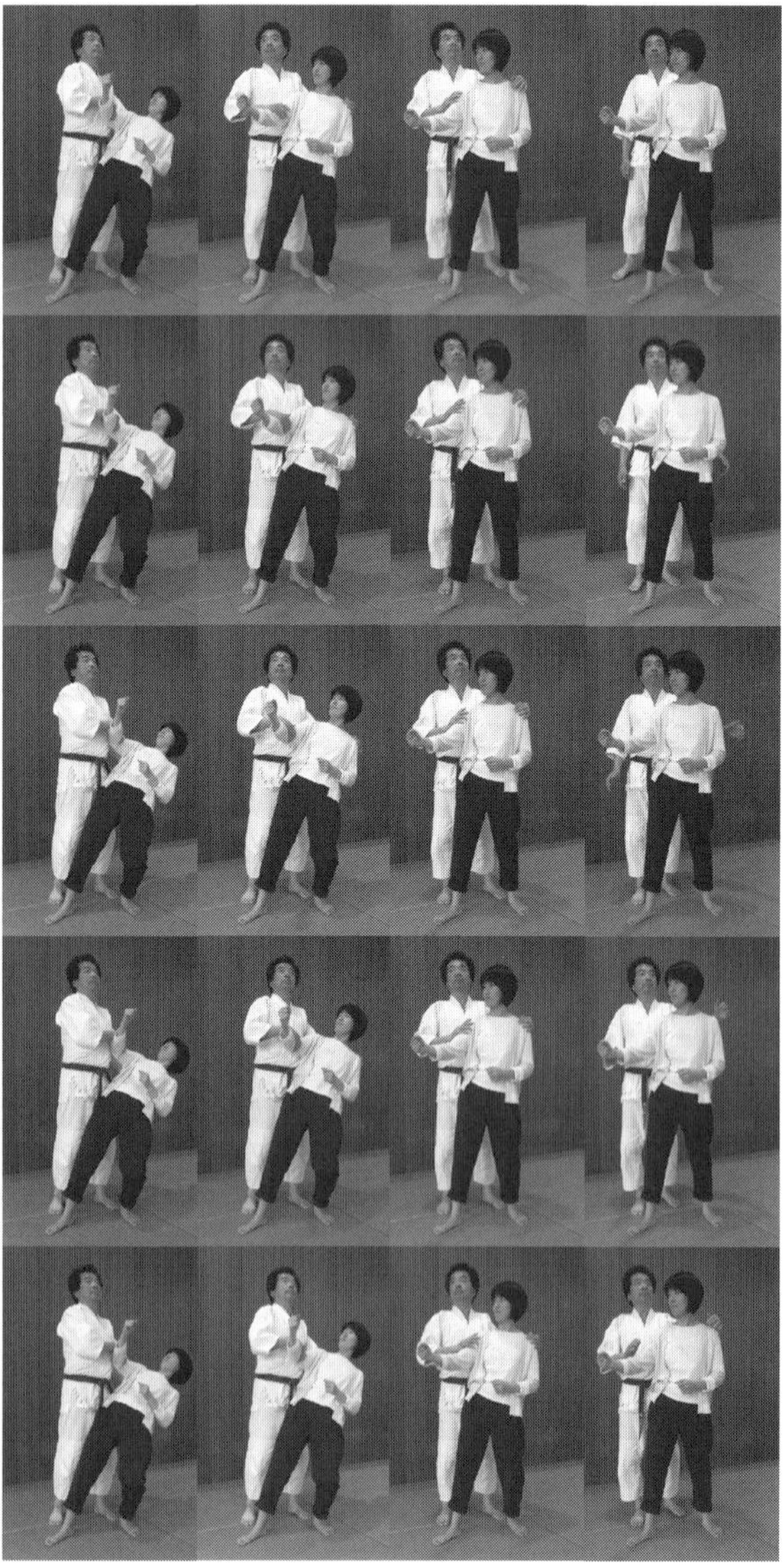

写真34「女性をエスコートする」気持ちとなっているときも、確かに愛魂の効果が出てくる

ヨーロッパ中世の騎士達の中では、自分が仕える女王やその娘である王女、あるいはその他の貴婦人などに忠誠を誓い終生その女性を陰から護り続けるという気概に満ちている者が、戦場においても常に勝利するといい伝えられてきた。その騎士達が忠誠を誓った女性の前で見せる身のこなしが、その後の欧米において男性が女性に接するときの手本となったことは容易に推測できる。

つまり、より「愛」に溢れた騎士が闘いを征することができるという騎士道精神の中にも「愛魂」の効果が隠されてきたのだ。考えてみれば、そもそもキリスト由来の活人術としてカトリック修道士達によって密かに伝えられてきた愛魂の技法に最も熱心だったのは、騎士としても活躍した選り優りの修道士達で編成されたテンプル騎士団であったわけで、その秘密が少しずつ他の騎士達にも漏れ伝わっていったのかもしれない。

ここまで見てきた広い意味の「愛」による「愛魂」の代替技法においては、自分自身の内面での「愛する」という行為が必要だったが、実はそのようないわば自力本願的なものでない他力本願的な手法もある。グレゴリオ聖歌を聞くというのもそのひとつだ。

実は僕にキリストの活人術を授けて下さったエスタニスラウ神父様は、子供の頃からスペイン東北部のモンセラート修道院で修道生活を送っていたのだが、昔から修道士達に伝わってきたその活人術を荒行と位置づけて継承していた最後の修道士だった。マルコ神父様と共に二人だけでモンセラートという岩山の中腹で厳しい荒行を続けていた二人の耳には、他の大多数の修道士達が選んだグレゴリオ聖歌を歌う修行が並行して行われていたために、常にその歌声が届いていたという。モンセラート修道院は、現在では最古のグレゴリオ聖歌の音符が見出された由緒あるカトリック修道院として名高く、その修道士達の歌は世界中の音楽愛好家達から絶賛されるほどだ。

ということは、荒行として愛魂の技法を修行しているときに、グレゴリオ聖歌が聞こえてくる環境というのは何も内面的な努力をすることなく「愛」の状態を生み出すのに効果的だったのではないだろうか。

もちろん、グレゴリオ聖歌という特殊なキリスト教聖歌に限定されるわけではなく、その他の聖歌を聞くのでもよいし、仏教の経典を僧侶が読経するものを聞いても、イスラムの聖職者が独特の節回しでコーランを読み上げるのを聞くのでも、あるいは神主が奏上する神道の祝詞を聞くのでも同じ効果がある。

このような宗教的な歌声を耳にするだけで、それを聞く人々の内面に広い意味の「愛」の状態が誘導されるため、誰もが自分では内面において何もしないまま身体を軽く動かすだけで「愛魂」の技法が発現してしまう。

内面では何の行為もしない他力本願的な愛魂の代替技法としては、この他に僕自身が「ナイチンゲー

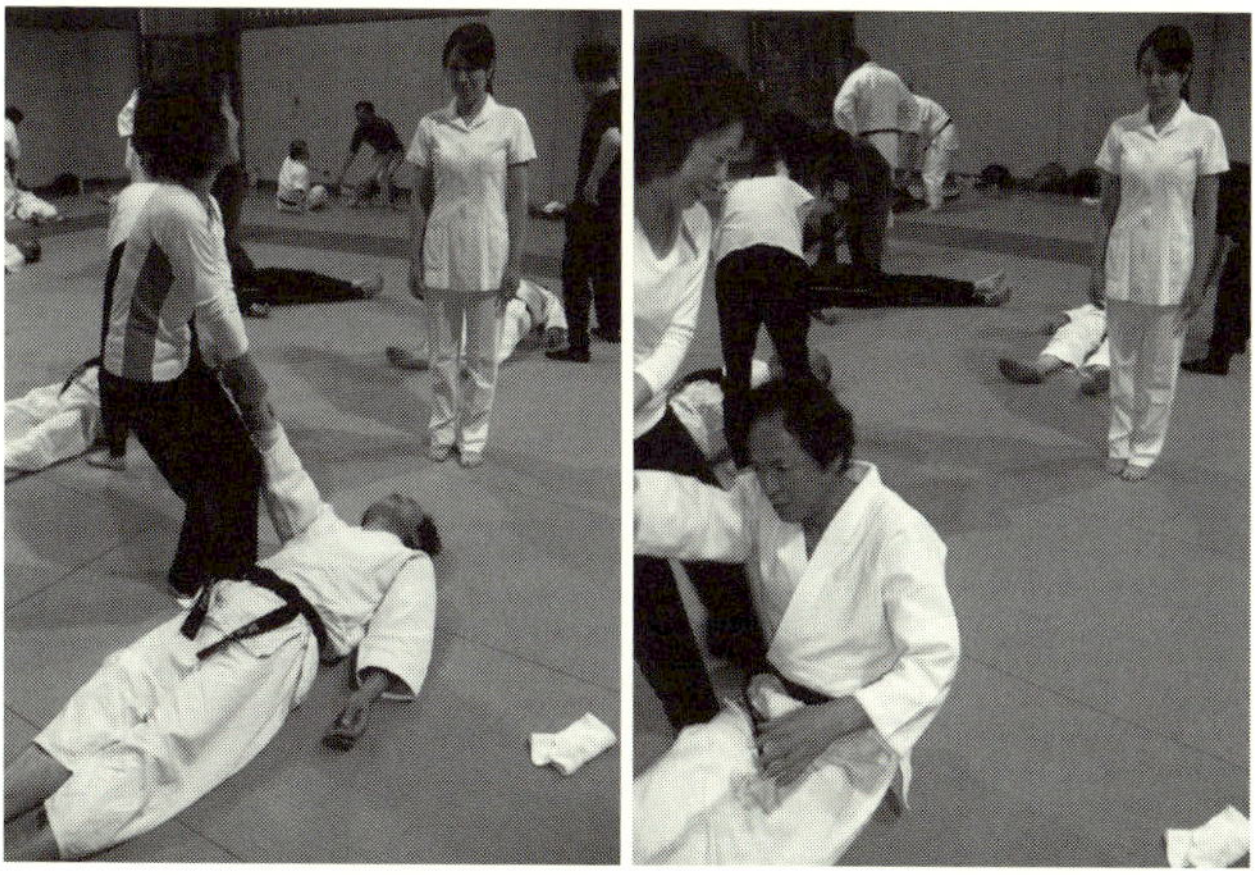

写真 35　実際に看護師の姿を見る（左）ことによって愛魂の効果が出てくる（右）

ル効果」と呼んでいるものがある。それは、要するに「看護師の姿を見る人は誰もが『愛』の状態となって愛魂の技法を操ることができる」というもの。クリミア戦争で敵味方に関係なく負傷した兵士の看護に献身的に尽くしたナイチンゲールは、今でも戦場の天使として広く語り継がれているのだが、戦場に取り残された負傷兵達の目にはおそらく聖母マリアや自分の母親のごとく映っていたに違いない。その姿が目に入っただけで、傷ついた心も身体もが大いに癒される存在として。

つまり、看護師の姿を見たときには内面が広い意味の「愛」の状態となるため、やはり自分では内面において何もしないまま身体を軽く動かすだけで「愛魂」の技法が発現してしまうことになる。

周囲に献身的に世話をする看護師がいるだけで、その場にいる全員が愛魂の技法を使えるようになるということは、全員の内面が広い意味の「愛」の状態となっているということだ。別の表現を用いるならば、その「場」が看護師の存在によってその「場」にいる人の心に「愛」を生み出すという特殊な働きを持つようになっているともいえる。そのような「場」をあらかじめ用意しているのが病院や診療施設であり、そこに入っていく多くの人の内面が広い意味の「愛」の状態となるからこそ病気に対する治療効果が生まれるのではないだろうか。

もちろん、人々がそこに行くだけで内面を広い意味の「愛」の状態にする「場」としては、このような命を救う診療施設の他にも、教会や寺院などに代表される宗教的礼拝施設があり、そこで人々のために奉仕する修道女などの聖職者を目にすることができる「場」が用意されている。例えば、他の場所ではなかなかうまくいかない難しい交渉であっても、教会の礼拝堂などで行うならば当事者それぞれの心に知らず知らずのうちに「愛」が芽生えてくる結果、それぞれが交渉相手の立場を考慮できるようになって交渉がうまくいくことが多い。

豊臣秀吉以来の武家政治の場面で茶道が浸透していった理由のひとつに、ひとつ間違えば戦になるような武将と武将の間の微妙な交渉事を穏やかに運ぶための「茶席での愛の教え」の存在がある。それは、自分が主となって交渉相手の武将を茶席に招くときのための茶席を前日から準備する場合の重要な教えなのだが、招かれる相手の武将の気持ちと立場になって心地よく感じられる「場」を誠心誠意で用意するということ。これによってその茶席が「愛の場」となり、翌日に交渉相手の武将が茶席に入ったときにその内面に広い意味の「愛」が生まれてくるという。

似たような教えは、催眠療法を用いる精神分析医や心理カウンセラーの間にもあるが、それは患者に催眠術をうまく施すためには患者と面会するずっと前から面会の「場」を愛情深く用意し、その場に患者が入ってきたときから患者の内面に広い意味の「愛」が自然に芽生えてくるようにするというもの。そもそも、催眠術とはそのように丁寧に準備された「場」においてのみ、患者の心の奥底にある潜在意識にまでもうまく働きかけることができると聞く。極めて興味深い事実ではあるが、残念ながら催眠術自体が如何なるメカニズムで実現しているかについてまったく解明されていない現状では、むしろ催眠術を愛魂による活人術と対比させて考察することは得策ではないだろう。

これについては、将来への大きな課題のひとつとして位置づけるのみとし、ここでの論考をいよいよ神人合一へと向けることにしよう。

十二　舞姫の教え

第八節においてお伝えしたように、キリスト由来の活人術「冠光寺眞法」における「愛魂」と呼ばれる技法は

「汝の敵を愛せよ」

というイエス・キリストの教えを実践することによって発現されるのだったが、その神意は

「神の視野ですべての物事を見よ」

ということにあった。そうすることにより眼前に映し出される限りない神の慈愛を受けるすべてのも

のに融け込み、自他融合によって実現される神人合一の境地に至ったならば、そこでは既に「愛する」という行為すら必要ないのだった。攻撃してくる敵にすら降り注ぐ神の慈愛に気づくならば、そこに「愛魂」の効果が滲み出てくるだけのこと。

だが、そんな「神の視野で見る」ということを、はたして誰もがいつ如何なるときにでも達成することができるのだろうか？　ほとんどの読者諸姉諸兄が疑問に思うところだろう。体験者としての僕自身の考えを素直にお伝えするならば、それは非常に難しいといわざるを得ない。僕の場合は、幸運にも古神道における「神降ろし」の秘儀を授かり、必要なときにはいつでもすぐに神様を降ろしてくることができるようになっていたため、それを使って自分自身に神様を降ろすだけで可能となった。

ところが、普通の武道家や格闘家が古神道の修行に勤しむといった風潮は今では皆無であり、また万が一そのような機会に恵まれたとしても現存する古神道に伝えられる秘儀のほとんどが形骸化されていて、霊験などなきに等しいのが実状。従って、どう転んでも誰もが容易に「神降ろし」ができるようになるとは考えられず、よほどの奇跡が重ならないかぎり「神の視野」を手に入れることは不可能なのだ。

もちろん、武道や格闘技の世界でならば、むしろ誰でもが簡単に「神の視野」を手に入れていつでも自在に「愛魂」の技法を操ることができることなど、端から必要ではない。そこで必要とされるのは、その秘技を手にしたたった一人の人間のみが自在に操ることができるという極めて利己的な状況のみなのだから。「愛魂」の技法を手に入れた者だけが、無敵の武道家あるいは格闘家として他から崇められることになるのみで、その最強の技法の詳細は常に秘匿されたままとなる。結局はその無敵の武道家が老衰でこの世を去るときに、「愛魂」の技法の真実もまた失伝してしまうのだ。

確かに闘いに勝つことを目的とする武道の歴史を顧みるならば、このような利己的な考えに終始していたのは明らかであり、僕のように「愛魂」の技法の本質を公開し誰もがそのような秘技を操ることができるようになる手助けをするバカな人間は皆無だったはず。その意味では、僕自身は武道家あるいは格闘家としては失格者だということになる。何故なら、自分が知り得た「愛魂」の技法のすべてを門人となった有意の士に伝えるだけでなく、不特定多数の一般の人達にも書籍や雑誌等の媒体をとおして詳細をお知らせしてきたのだから。

では、武道界の常識を覆すかのようにまでして、どうしてこの僕が「愛魂」の技法を広範囲の人々にお伝えしたかったのかというと、それは「愛魂」の技法がそもそもはキリストに端を発する活人術だということによる。人々の心の奥底に幽閉されている魂を解放することによって、人々が魂に委ねられて活き活きと生きていくことができるようにするのが「愛魂」の本来の目的に他ならない。襲いかかってくる敵を制して改心させる技法としての一面は、単に活人術としての特殊な応用のひとつにすぎないのだ。

キリスト由来の活人術であるからこそ、できるだけ多くの人達にその全貌を知っていただいた上で、全員に「愛魂」を実践してもらいたいと願っている。だからこそ、これまでの十年の間に門人となって下さった皆さんには直接に「愛魂」の技法をありのままにお伝えし、それを道場稽古の場面だけでなく仕事や日常生活においても活用してもらってきた。その結果、さまざまな場面で「愛魂」の技法を用いることで、奇跡的としかいいようのないすばらしい体験に恵まれた方々の数は決して少なくはない。その幾つかについては、既に拙著『人を見たら神様と思え——「キリスト活人術」の教え』（風雲舎）において公表しておいたが、拙著を読んで理解した範囲で「愛魂」を生活の中に取り入れて下さる方々の中にも、着々と体験の数を増やしつつある。

もちろん、純粋に武道や格闘技における強さを求めて門を叩いて下さった方もあるが、そのような方々の多くもまた「愛魂」の技法をご自分で理解した範囲で使いこなす日々を送った後、ご自身の武道流派の稽古に「愛魂」の技法を取り入れて下さっている。だが、それでも武道としての「愛魂」技法の効用を追求していこうと考える門人にとって、最後まで引っかかるのがいくら僕が指導するように自らの内面を「愛」の状態に持っていっても、僕がやってみせるようにはなかなかうまくいかないということ。

中には、この僕が何か本質的なことを隠していて自分達がそれを知らないために、自分達が「愛魂」の技法を使っても中途半端な効果しか得られないのではないかと疑う者も出る始末。おまけに、肝心のいちばん大事なことを自分だけの胸に仕舞っているという状況なので、「愛魂」の技法については何の心配もなく他の連中に伝えることができているとまで揶揄する声も聞こえてくる。

僕の言動を素直にそのまま信じてもらえないというのは、もちろん僕自身の不徳の致すところだが、正直なところ信じてもらえない自分自身が情けないことこの上ない。何故なら、「愛魂」の技法についてこれ以上に何か僕が隠して伝えていないものがあるということは、天地神明に誓って絶対にないのだから。

だが、そのように疑っている人達もいるのだという事実は、僕にとって次に越えるべきひとつの大きな障壁となってくれた。その障壁があったからこそ、第十一節においてご紹介したような、さまざまな「愛魂」の代替技法についても探求することができたと思う。「愛魂」の稽古が充分になされていないために内面を真に「愛する」状態にできない段階においても、それらの代替技法を用いることによって「愛魂」と同じ効果が得られるという事実は、僕にとっては闇の中に見出した一条の光のように映った。ともかく、「愛魂」の代替技法を使ってもらうならば、初心者から上級者に至る誰もが簡単に僕と同じように「愛魂」の技法を操ることができるのだから……。

だが、代替技法はあくまでも代替技法であり、「愛魂」の技法が効かなくて困っている「愛」を渇望する人達であっても「愛魂」の効果を確実に自分のものとすることができる、キリスト由来の活人術としては亜流の「愛魂」でしかない。従って、いつまでもそんな亜流の「愛魂」に甘んじていたのでは、いくら武道や格闘技にのみ「愛魂」を用いるつもりだとはいえ、結局は頂点を極めることなどできはしない。頂点を目指すならば、やはり真の「愛」によって発動される「愛魂」の技法を自在に操ることができるまでに、自分を高めておく必要があるのだ。

では、いったん「愛魂」の代替技法に慣れ親しんだ状況から、どのようにしたら第八節においてお伝えした真の「愛魂」の技法、即ち

「神の視野ですべてを見る」

という神人合一の境地へと向かうことができるのだろうか？

その道を照らすことなく『合気眞随』と題した本書の論考に終止符を打つのでは、やはりすべての皆さんに対して心を配ったと胸を張ることはできないのではないか！

そう考えた僕が受け取ることができた神の恩寵にも似た閃きこそは、第一節において言及した女子大生達との稽古で思いついた「強い関心を抱く」という「愛」の代替案に続く「オペラ歌手になりきって歌うときの振り付けをする」という代替案をやっていたとき、女子大生達がふと漏らした「ダンシング合気道」という言葉だった。残念なことに、そのときは「ダンスを踊る」ということが重要なキーワードとなっていたことに気づくことなく、オペラ歌手の振り付けをするという「愛魂」の代替技法にもすぐに興味を失っていった。

それが、再び僕の心を呼び覚ましたのは、二〇一二年の十一月にエジプト旅行に出かけたときだった。

生まれて初めてエジプトの土を踏んだ日の夜の出来事。夜の十時過ぎに東京成田国際空港を出発した飛行機の中で、一睡もしないで十六時間をかけてエジプト南部の古都ルクソールに到着した。時差ボケもある上に徹夜の状態というわけで、普通ならすぐにでも眠りたくなるはずなのだが、そのときは長時間フライトによる頭痛もなく気分もよい。そこで、同行してくれていた姪と門人の八頭芳夫さんと僕の三人でダウンタウンに行き、ワイン発祥の地エジプトの地を踏んだ最初の夜を地元のワインで祝うことにした。

ダウンタウンへ行くタクシーの運転手が、街でたむろする若者にワインを出すいい店を聞いてくれ、結局かろうじて英語が通じる店でエジプトワインを飲んで盛り上がっていく。その後、迎えのタクシーがきてくれてホテルに戻ったのだが、まったく眠くないし疲れてもいない。何故か、ルクソールの街が自分の故郷のように感じられて心地よいのだ。

フロントで鍵を受け取ったとき、ロビーの奥にバーがあることに気づいたため、もう少し飲んで行こうと姪と八頭さんの二人を誘う。二人ともかなり疲れているようだったが、僕だけは元気だったため「ルクソールは第二の故郷だ」などと終始ご機嫌だった。

バーではホテル専属の男性歌手が出てきて、エレクトーンを弾きながら歌い始める。ホールは欧米の白人客がほとんどで、そのうちムードのよい歌になったとき、僕は自分でもわからないまま何故かスッと立って姪に「踊ろう」という。姪も躊躇なく立ち上がり僕と踊り始めたのだが、本当のことをいえばそれまで僕はダンスなど一度も踊ったことがなかったのだ。むろん、ダンスを習ったこともない。周囲には白人客が大勢いるわけで、笑い者にならないように踊る自信などなかった。

しかし、そんなことは微塵も気にならず、気がついたら自然に踊りだしていた。直後に聞いたところ、姪もまたこれまで一度も踊ったことがなかったという。それにもかかわらず、何の躊躇もなく歌に合わせて踊り始めた。バーの中では、それぞれの客がグループごとにテーブルを囲みながら飲んで会話していたのだが、そのうちそんなグループ客達も僕と姪の踊りを見てくれるようになった。

バーのフロアが柔らかい空気に包まれ、客が皆穏やかな笑顔になったかと思うと、ワイングラスを差し出して声をかけてくれる。バーにいた全員が、いつの間にか僕と姪とに調和するかのような雰囲気だ。曲が終わったら、白人客の多くが拍手をしながらワーッと喜んでくれた。ダンスの腕前もクソもない。僕と姪の踊りは見よう見まねのダンスなのに、不思議なことに僕は一度も姪の足を踏まなかったし、見ている人達も心から嬉しそうにしてくれていた。

僕と姪のダンスが終わってからも、我々のテーブルに向かって「よかったよ」と次々に声をかけてくれる。その後、他の人達も歌と演奏に合わせてダンスを始めた。歌手の男性が休憩に入ったとき、バーのエジプト人のボーイさんも急に打ち解けて話しかけてきて、俄然我々に対する扱いが変わった。

休憩が終わり、次の演奏が始まり、同じ専属歌手が歌い始める。エジプト衣装の男性の専属ダンサーが一人で華麗なステップを披露していたのだが、三曲目になると彼はテーブル席に座っていた姪の手を引く。そのとたん、彼女はパーッと立ち上がり躊躇なく出ていく。

僕と踊ったときはスローなブルースだったが、今度はジルバより激しいテンポの曲を見事に踊っている。プロのダンサーが相手だからうまく踊れたのかもしれないが、バーにいた白人客達の反応は前よりもずっとよくなった。全員が姪の踊りに目を奪われていたようだ。

翌朝、朝食のためにホテルのレストランに入ると、前夜の白人客達がいる。そのとき姪の姿を見つけた白人の女性が寄ってきて、「昨日のダンスはすばらしかった」と仲間をねぎらうように打ち解けてきた。

帰国してからのことだが、僕があのルクソールの夜の情景を思い出していたとき、ふと閃いたことがあった。


「そうか、踊ればよいのか!」

愛するという行為は、これで「愛魂」には必要なくなるかもしれない。愛さなくても、ただ踊るだけ、ただ舞うだけで「愛魂」の効果が生まれてくるのだから……。

もちろん、本当に「舞」には「愛」によるのと同じ「愛魂」の効果があるか否かを確認するため、道場での稽古のときに門人相手に試してみた。道場で屈強な門人をドッシリと安定に立たせておいて、しばらく踊りながらその門人の両肩にポンと手をかけた瞬間、門人はものの見事に後ろに倒れてしまった。

そう、これはまさに愛魂による現象と同じ結果だ。

ただ、踊ればよい。単に、舞えばよい。

もちろん、門人の皆さんにも試してもらった。踊って踊って、踊りながら、踊りの一環として一瞬相手の両肩に軽く触れて後ろに引くだけ。

これなら、僕だけでなく、だれにでもできる。

踊ることで、その場、そこにいる人の場が大きく変わる。どう変わるかというと、あたかもその人達が愛されているかのように変わる。こちらは相手を愛していないにもかかわらず、こちらが相手を愛することで具現する愛魂の効果と同じものが踊ることで生まれ、相手の人が簡単に倒れる。

踊りの場にいれば、そこにいる全員が踊っている人に愛されているのと同じことになるのではないか！

そんな驚くべき事実を、実際に確認することができた。

写真36　何か踊りを踊りながらがっしりと立っている相手に近づいていき、踊りの動作として軽く相手の両肩を引くと、相手は愛魂の効果によって後ろに倒されてしまう

これまで、道場では僕はいつもこういってきた。

「愛してください、相手を心底、愛してみてください。心の底から、自分の魂で相手の魂を包むように、相手の人を愛してあげてください」

だが、

「わからない。愛するといわれても、どうしていいのかわからない」

と、真剣な顔で聞いてくる門人達がいる。真面目な男性ほどわからないようだが、僕は何とかして教えてあげたいと願ってきた。それで、「愛する」ことの代替技法までもお伝えしてきたのだが、いつまでもそんな亜流の「愛」のままではよくない。

できるだけ早い時期に亜流の「愛」から真の「愛」、本流の「愛」へと移し変えていかなくてはならないのだが、これまではどの道を選べばよいのかさえわからなかった。だが、そのときからの僕は、堂々と胸を張ってお伝えできるようになったのだ。

「ダンシング合気道でいきましょう」

と。

そう、

「阿波踊りでも、安来節でもバレーやダンスでも、何でもいいから踊ってごらん」

といえば、それまでどうしても愛魂ができなかった門人達もやっとできるようになった。

こうして、やっと気づくことができたのだ。

「愛は舞」

なのだ、と。

しかも「愛する」という内面での行為は、対象となる相手数人だけにしか効果はなく、愛していない人には効果も及ばない。しかし、踊りはその場にいる全員を愛することになって、より根源的で広がりも大きい。さらに踊りは誰にでもできるわけで、このほうが真の「愛」に近いのではないだろうか。

僕にしかできない「愛魂」の技法なら、一生懸命にそれをありのままにお伝えしようとしても、あまり意味がない。誰でもが踊ればいつでもできるということなら、それをできるだけ多くの人達に伝えていくことには大きな意味があるはず。これまでは、僕だけが愛することで具現することができていた「愛魂」という活人術技法と同じことが、誰でもが単に踊ることで実現されてしまうのだから。

十三　舞祈開眼

それまでは僕以外の人達には難しかった「愛する」という行為によってしか達成できない「愛魂」の技法だったが、初めてのエジプト到着の日、古都ルクソールでの夜に降り立った舞姫に秘技を教わった僕は、誰もがいつでも自在に操ることができるようにする舞うという極め付きの外面での行為を見出すことができた。それは、非常に簡単なことで、単に踊ればよいということだった。どんな踊りでもよいから、自分が踊りたいように舞いながら相手の身体に触れるならば、そこに「愛魂」の効果が現れ、相手はまるでこちらに跳ね飛ばされたかのように倒れてしまうのだ。

自分で確かめることで判明したことだが、舞うことに没入している間は「愛する」という内面行為をしているときと同じで、確かに魂が解放されている。いったん魂が解放されたならば、その魂が周囲にいる人々の魂とつながるのは魂が持つ固有の性質のようなので、攻撃してくる敵に対しても「愛魂」の効果が現れることになるのは自然なことだろう。

こうして、「愛する」ことによってではなく、「舞う」あるいは「踊る」ことによって「愛魂」の技法を用いることができるという驚くべき事実に気づくことができたのだが、これはまさにその一年ほど前に女子大生達との合気道の稽古でふと口を衝いて出てきた「ダンシング合気道」そのものではないか！　「口から出任せ」というと、今では「嘘をつく」とか「その場しのぎの出鱈目をいう」という悪い意味に使われてしまっているが、本来は

「神様の言葉が出るに任せる」

という意味で用いられていたようだ。しかも、そのとき周囲の人達の気持ちがひとつとなっていればいるほど、誰からともなく出てきた「口から出任せ」としか思えないような言葉が、そのときの全員にとって神様から与えられた大切な指針となるという。

そう、あのとき「ダンシング合気道」という神の啓示を既に受けていたのだ。にもかかわらず、まったく気づくこともなく過ごしていたこの僕は、まさに愚かの極みだったといえよう。そんな放蕩息子に喩えられる愚か者の僕に対してすら、神はルクソールの夜に現れた舞姫をとおして再び教えて下さった。「舞う」ことで「愛魂」が発現するという真理を！

この「舞」による「愛魂」の効果については、道場でさまざまに試してみる中で意外な事実も見出されてきた。それは、こちらが踊るときに倒そうとする相手を完全に無視していても効果に変わりはないということ。前節では、屈強な相手が腰を落として安定に立っているところで、その周囲をしばらく踊りながら踊りの動作の延長であるかのように相手の両肩に手をかけるだけで相手は後ろに崩れ倒れてしまった。この場合はまだ最後には相手に手をかけて引き倒そうとする気持ちがあるために、相手のことをある程度は気にかけながら踊っている。

そこで、今度は盤石な姿勢で立っている相手のことは忘れて、たとえば誰か他の人と組んでワルツなどのダンスを踊ってみる。そのとき、たまたまドッシリと立っている人のすぐ後ろにワルツを踊りながらやってきた瞬間に組んでいたダンス相手から手を離してドッシリと立っている相手の両肩に手をかけて後ろに引けば、相手は簡単に倒れてしまう。

それまで考えてもみなかったような斬新極まりない発見がひとたびなされたならば、実は同じ発見に至ることができる異なる観点からの気づきが、後付けでさまざまに湧いてくることが多い。今回の場合も例外ではなく、直後から「舞」についての重要な事実を幾つも指摘されたり、自ら気づくこともできた。

古今東西を問わず、世界中の民族や国では戦いのために踊ってきたのは事実。ロシアのコサック兵やアメリカインディアン、あるいはアフリカの原住民などはよく知られているが、その他そもそも人類で戦いの準備としての「舞」の文化を持っていなかった民族や部族は皆無といえるのではないだろうか。

写真 37　ダンス相手とワルツを踊りながらがっしりと立っている相手に近づいたところで、ダンス相手から手を離して安定に立っている相手の両肩を引くことによって、相手は愛魂の効果によって後ろに倒れてしまう

しかし、これから母国や部族の命運をかけた戦をしなければならないというときに、わざわざ体力を消耗するように踊り狂うということは近代的な戦術としては決して得策ではないはず。にもかかわらず、戦術兵器が発達する以前の戦いの場面においては、世界中のどこにおいても兵士達は戦いの前に「舞」を舞ったのだ。それが地球上のあらゆるところに見られたということは、事前に踊ることによる体力消耗というマイナス面よりも舞うことによる何らかのプラス面のほうがより重要視されていたということになる。

戦いの前に舞を舞うということで、その戦いの中で生き抜き勝ち残るという可能性が高くなるという理屈抜きの事実が先祖代々伝わってきていたからこそ、重要視されていた。そう考えるのが、自然ではないだろうか。多人数による大がかりな戦いに限らず、個人と個人の闘いである試合の場面においても同じことがいえるのは、例えばモンゴル相撲やタイの古くからの格闘技ムエタイなどで、参加選手が闘いの前に試合場で踊る習慣が残されているものが少なくないことからも明らかだろう。

ヨーロッパではよく知られた格言というか、ちょっとした渡世訓に

「バレリーノ（男性バレーダンサーのこと）とは喧嘩するな」

というものがある。日本でも空手道場などで「ダンサーとは喧嘩するな」といういい伝えがあると聞

くが、僕が初めてそれを耳にしたときには、ダンサーは運動が敏捷な上に持久力があるため空手家の攻撃をいくらでも軽々とかわしていくうちに空手家のスタミナが切れてしまうということだとしか思いつかなかった。

だが、真実は違ったのだ!

日頃からダンスを踊ることにしか時間を費やしていないダンサーが、止むに止まれぬ理由で無頼漢との喧嘩に巻き込まれたとしても、できるのはダンスのみ。つまり、殴りかかってくる無頼漢を相手に身体が自然に動くのはやはりダンスの動きでしかなく、それによってダンサー自身もまったく意識しないうちに「舞う」ことによる「愛魂」の効果が生まれてしまい相手の無頼漢は理由もわからずに倒されてしまうのだ。

むろん、武道家が「舞」や「踊り」の重要性を説くこともあった。琉球古武術本部御殿手《もとぶうどうんでぃ》の達人として知られた上原清吉宗家は、生前、本部御殿手の極意は琉球舞踊にあると公言し、自ら琉球舞踊を舞ってみせたという。また、合気道の開祖植芝盛平翁は芸者衆を招いて、門人達に日本舞踊の動きと合気道の動きを研究させたという。そのためか、植芝盛平翁の高弟として知られる養神館道場の塩田剛三館長は、宴席ではよく踊っておられたと聞く。やはり、武道の達人の境地に至ることができたならば、「舞う」ことで「愛魂」の効果を導くことができるという事実にこそ気づいていなかったとしても、

「舞う」かのように武道の技を繰り出すことで技の効果が劇的に大きくなることには自然に気づくことができたのではないだろうか。

さらには、岡山や東京の道場でさっそくに「舞う」ことによる「愛魂」をお披露目した後で、それぞれ「舞」と武道や格闘技についての貴重な幾つかの事実や伝聞を思い出して僕に教えてくれた人達がいたのだ。

ひとつは、日本舞踊「若菜流」家元で時代劇の映画スターだった東千代之助が当時二十歳代後半のときの逸話。銀座のクラブでちやほやされていた華奢な身体の優男に偶然いあわせたプロレスラーの力道山が喧嘩をふっかけたところ、最後には酔っていた東千代之助に力道山が土下座して謝ったくらい強かったというもの。これは、対談本『不謹慎』（坪内祐三・福田和也著＝扶桑社）に記述があるとのことだった。また、東千代之助は当時の花形映画スターの中でよく見られた不祥事や醜聞とは無縁の清廉な人物で、誰にでも常に腰が低い人格者だったということからも、「舞う」ことで「愛魂」を自在に操る高みにまで達していたのではないだろうか。

また、アメリカの病院でこれから外科手術が始まるというときに、患者を含めて執刀医や主治医さらには麻酔医や看護師などの全員が手術室内で陽気に踊っている映像ニュースが配信されたことを教えてもらったが、それは「踊る」ことによって手術の成功率が高まり、手術後の回復も早いということだった。

それだけでは、ない。ちょうど「舞う」ことによる「愛魂」の効果を東京道場の稽古で何回かお披露目していた頃、ダンサーであり振り付け師としてブロードウェイでも活躍された東出融さんという方が稽古に参加してくれた。東出さんに声をかけた門人によれば、彼は武術、心理学、人類学、シュタイナーの人智学やゲーテの形態学など、さまざまな分野から身体づくりを行なってきたという。著名なダンサーがいっしょに稽古してくれる機会などめったにないわけで、僕は急遽彼に実験台になってもらおうと考える。

つまり、「舞う」ことによる「愛魂」の効果を僕が東出さんにお見せする前に、プロのダンサーとして踊りながら相手に触れ、その流れの中で相手を投げ倒すということを東出さん自身に試してもらう実験だ。その日初めて稽古に参加するわけだから、余計な先入観なしにやってもらえる。ならば相手をするのも、鍛えた身体で屈強な手強い門人がよいということで、八頭芳夫さんに出てきてもらって、プロのダンサーの前に腰を極めた安定な姿勢で立ってもらう。

その状況で、東出さんに三十秒くらい踊ってもらい、その途中で八頭さんの両肩を両手で軽く後ろに引いてみてもらうわけだ。

結果は、もちろん大成功。プロのダンサーの踊りは、当然ながら我々素人の踊りとは雲泥の差がある。ひとしきり八頭さんの周りで見事に踊ってから、東出さんが最後に八頭さんの両肩に手をかけると、剛の者の八頭さんが簡単に倒されてしまった。

そう、プロのダンサーが踊るというのはかくのごとし。スーッと自分の踊りの中に入り込み、自分の心を無にしてその場の雰囲気を変え、その場にいる人の魂を解放する。まさに「舞」による「愛魂」の効果を最大限に引き出すことができるのだ。

期待どおりの結果が得られて得意になった僕は、東出さんに向かって少し自慢げにいい放つ。

「これ不思議でしょう？　踊ると、何故か相手は簡単に倒れるんですよ」

ところが、ところがだ。彼は、格別不思議そうな顔もしない。そこで、念押しのつもりで、

「ダンスを踊りながら周囲の人を倒すなんて聞いたことはないでしょう？」

と問いかける。むろん、東出さんの驚きの表情を期待してのことだった。

だが、彼は「いや、知っていましたよ」と平然といってのけた上で、次のようなことを話してくれた。

数年前にメルセデスベンツの社会貢献事業として、世界のトップ十人のダンサーをドイツに呼んで、そこでダンスの交流をするという芸術活動があったそうだ。国際的に名前のある多数の応募者の中から東出さんも選ばれ、メルセデスベンツのお膝元であるドイツでダンスを指導したときのこと。

参加したドイツ人達の中には、純粋にダンスのみに興味を持っているだけではない、武道家達もいたという。ダンスをすることで自分達の武道に何らかプラスになることがあるだろうと思っていた彼らは、講師の東出さんに対して、真剣な殴り合いではないにしろ、実際に自分達とある程度真剣な試合をしてくれと要求してきたそうだ。「ダンサーとは喧嘩をするな」といういい伝えが本当に正しいのかどうかを確認したがっていた。ダンサーの強さを確認してからでなければ、ダンスを習うつもりはないとまでいうのだ。

東出さんはその昔、養神館で塩田剛三先生に合気道を習ったことがあったが、ダンスの修行が忙しくてほんの少しかじったという程度だった。しかし、ドイツ人武道家達が詰め寄ってくるのを前にして、逃げるわけにもいかない。とはいえ、合気道をやめてからかなり日が経っているし、身体が技の動きを記憶しているかどうかもわからない。そこで、自分はダンサーだからダンスでお相手しますと告げ、試合のような交流稽古が始まった。

東出さんは踊りながら、とりあえずドイツ人武道家が近づいてきたら相手の身体に手をかけて軽く引っ張る。すると、大柄なドイツ人武道家が簡単に倒れてしまう……。その結果、翌日からドイツ人武道家達も東出さんから真面目にダンスを習ったそうだ。

そんな経験を既にお持ちだったから、僕が「ダンスを踊りながら周囲の人を倒すなんて聞いたことはないでしょう?」と聞いても、彼は何ら驚きもしなかったのだ。


こうして、「舞う」ことによる「愛魂」の発現については、それを裏付けるような事実が次々と目の前に提示されていく。おまけに、自分から求めたわけでもないのに、「舞」の神意についても見事なタイミングで教えてもらえることになるのだ。

それは、エジプトのルクソールで姪が舞い立つ場に僕と共にいあわせた八頭芳夫さんの結婚披露宴でのこと、日本文学専攻だという同僚の祝辞の中にまで「舞」という漢字と「無」という漢字についての蘊蓄が散りばめられていたのには、僕も少なからず驚いてしまった。「舞」という漢字の成り立ちは、冠の部分が「神殿」を象形的に表し、脚の部分は巫女達が神殿の前で踊っている様子を象形的に表しているというのだ。つまり、「舞」とはそもそもが神殿の前で巫女が踊ることを意味するというわけ。

そして、「舞」に似た漢字「無」の成り立ちは、冠は同じく「神殿」を象形的に表しているのだが、脚の部分では巫女達が神殿の前でひれ伏している様子を象形的に表している。それが何故に「何もない」という意味に用いられるのかというと、神殿の前にひれ伏す巫女がまさに舞い立とうとする直前の巫女には何もない白紙の内面が実現されているからだ。そのような内面の状態こそは、武道家が長年追い求めてきた必勝のための「無心」の境地とも考えられる。しかし、禅定によってすら達することが難しいとされてきたその「無心」の境地は、実は「舞う」直前の内面として「舞う」直前には誰にでも簡単に得られるものだということになる。

換言するならば、「舞う」ことで「愛魂」の効果を引き出そうとする場合、その「舞う」という動作に入る直前に苦もなく「無心」の状態となることができる。「愛する」ということで「愛魂」の効果を生むときには、このようにその直前に「無心」の境地に至ってはいないわけで、そのため武道における技法としては「愛する」よりも「舞う」ことによる「愛魂」が好ましいのかもしれない。

そこまで気づくことができたとき、生来隠しごとのできない性分の僕は、とある講演会で「舞」と「無」の漢字の由来について紹介しながら、「舞う」ことの重要性について語ったことがあった。そのときに聴衆の皆さんの中から出た幾つかのコメントの中に、能楽を大成した世阿弥が残した言葉について教えて下さったものがあった。

「心を空にして神が降りてくることが『舞』」

及び

「踊るのではなく神に踊らされるのが『舞』」

というものだ。

これには、僕も大いに唸ってしまう。そう、「舞う」ことが、やはり「神降ろし」にもつながっていたという事実を知ったからだ。神が降り、神に踊らされるのが「舞う」ということであれば、舞っているときの視野はまさに「神の視野」であり、そこに「愛魂」の効果が生まれるのは「神の視野で見る」ことができていることからして当然の結果といえよう。まさに、神人合一の境地が「舞」によって簡単に得られるのだ。

第八節でお伝えしたように、僕自身は古神道の「神降ろし」の技法を用いて他の人に神様を降ろすことで「神の慈愛」を体験してもらおうとしていて、偶然にも自分自身に「神降ろし」をすることができるようになった。従って、僕自身が如何にして神人合一の境地に至ることができるかについて、他の皆さんがわかるように言葉で説明することはできない。むろん、秘匿しているわけではなく、そもそも言語を駆使して理路整然と解説できるような代物ではないのだ、僕が神人合一のためにやっていることは……。

ところが、ところがだ。古都ルクソールでの夜に舞姫から教わった「舞」の驚くべき「愛魂」の

効果の背後には、

「舞うことで神人合一の境地に至る」

という古来から伝えられてきた確たる事実にあったことが判明する。そう、誰でもが単に舞うだけで神人合一の境地となって「神の視野」ですべてを見ることができるようになり、そこに「愛魂」の効果が生まれてくるのだ。

何とすばらしい発見ではないか！

この「舞」による「愛魂」の技法を、僕は

「舞祈（まいき）」

と呼ぶことにしたのだが、それが

「舞祈開眼」

という神の祝福を受けることができた瞬間だった。

十四　祝詞や聖歌による祈りから舞祈による神降ろしへ

前節でご紹介した世阿弥の教えに象徴されるように、「舞」というものは魂を受けた人間のみがなし得る神に通じる業に他ならない。つまり、

「心を空にして神を迎え、その神に踊らされる」

のが「舞」の神意であり、それによって発揮される能力が古来より「神通力」と呼ばれてきたものなのだ。そして、これはまた世界中のさまざまな宗教において密かに実践されてきた「神降ろし」の秘儀にも深くつながっている。

現代の日本に残る「神楽《かぐら》」は、各地の神社で奉納される民衆舞踊的な色合いが濃くなっているが、そもそもは神前で巫女に神降ろしを行った「巫女舞」が変形してきたものといわれている。仏教では

「動」よりも「静」が重んじられているためか僧侶が踊るというイメージはないのだが、それでも民衆信仰的な仏教の歴史の中では「念仏踊り」などが広まったこともあった。また、密教の原点でもあるヒンズー教やヴェーダ神話などのインド宗教、さらには拝火教（ゾロアスター信仰）など中近東においては「踊り」が宗教儀式の中心に置かれていたことは否めない。

キリスト教においては仏教と同様に「舞」や「踊り」が表面に出てくることはないが、アフリカ諸国での布教活動の一環として礼拝の場面で神父と信者が賛美歌を歌いながら踊ることも多いと聞く。

現在世界で最も信者数の多いイスラム教では、モスクと呼ばれる礼拝所で集団で幾度も礼拝する男性信者とか教典であるコーランを暗唱する少年達のイメージが強く、そこにも「踊り」が入り込む余地はなさそうに思える。ところが、僕自身驚いたのだが、イスラム教の修道士達が修道院で行ってい

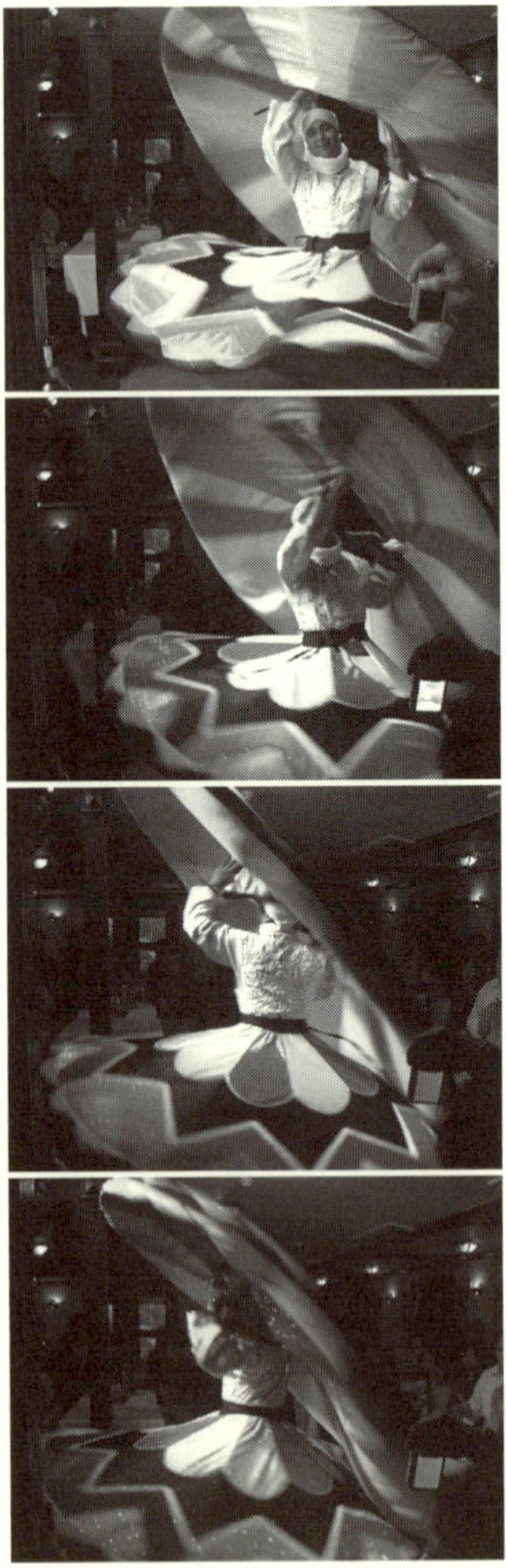

写真38　イスラム教修道士の回転ダンス

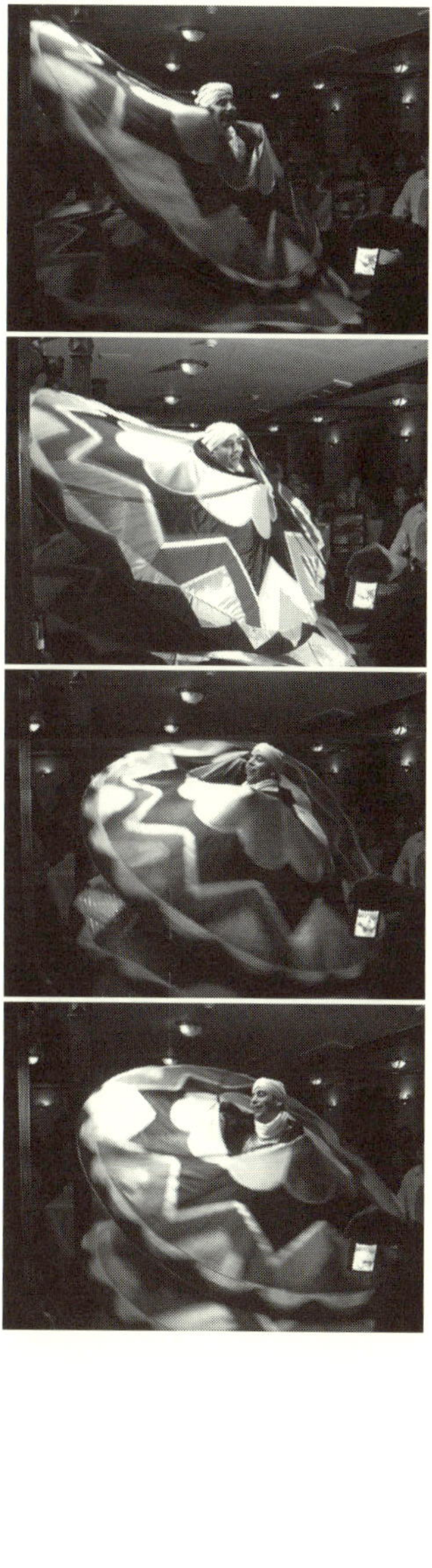

る秘儀のひとつに、三十分以上もの間かなりの速さでクルクルと回転し続けるというものがある。修行を始めたばかりの頃は目が回って気分が悪くなり、すぐに倒れてしまうのだが、修行を重ねていくうちにいくらでも回転し続けることができるようになるという。そして、そのときには修道士に神が降りてきているため、神人合一の状態が生まれているとされる。

僕がエジプトの古都ルクソールでナイル川クルーズの船に乗ったとき、このイスラム教修道士の秘儀が乗客を楽しませるための余興として登場してきた。そのときは、それが修道士のための「神降ろし」の秘儀から広まってきたものだとは知らなかったため、三十分以上も勢いよく楽しげに回り続ける男性を見ても、ずいぶんと珍しいダンスだという印象しか得られなかったのだが……。

実をいえば、もう五年ほど前のことになるが、岡山の野山道場で稽古していたとき、何故かふとクルクルと回ってみたくなったことがあった。自分でも不思議なのだが、乗り物酔いになる質の僕は少し回っただけでも気分が悪くなるにもかかわらず、そのときはいくらでも回り続けることができたためどんどんと加速していったのだ。すると、途中から気持ちの中に一種独特の清明さが現れたかと思うと、そのままいつまでも回り続けたくなるだけでなく、そろそろ止まろうと思って減速していくと逆に吐き気が出てしまうので再び加速して回っていった。

今から考えれば、そのままではどうなっていたか危険極まりない事態を迎えていたのだが、幸いにもそのときの稽古には長年神仙道の修行を続けていた片岡肇さんがいて、最終的には彼が気合い一閃で止めてくれたのだ。とはいえ、高速で回転を続けていたときの僕自身の内面は、まさに「舞い上がる」とか「忘我」といった表現が当てはまるかのような、今から思うならばあのままいくとそのうち「神の視野」が現れ「神降ろし」の状態を初めて迎える不安と期待に満ちたものだった。

バレーやダンスといった西欧舞踊においても身体を素早く回転させるという動きは、その踊りが観客を魅了するための重要な要素のひとつとなっている。観る者の魂を引きつけ解放するという意味では、舞台芸術となった舞もまた愛魂としての一面を保っているのだろう。それがイスラム教修道士達や古神道の巫女達のように、本来は「神降ろし」の秘儀として伝えられていた神前での「舞」として、まさに「舞祈」の効果を持つものだったという事実を忘れてはいけない。

ところが、現代に続くさまざまな宗教における神前での祈りの場面で主として用いられているのは、例えばキリスト教での聖歌や賛美歌、仏教での経典読経、イスラム教でのコーラン読経、神道での祝詞奏上など抑揚や音程を加味した「言葉」であり、特に神道においては祝詞の言葉が持つ神にまで届く力は「言霊《ことだま》」と呼ばれて最重要視されている。また、キリスト教の聖書においても

「まず、言葉ありき」

とされ、すべてのものが存在する根底にはそれを存在させる「言葉の力」がこの世界の誕生に必要だったとしている。その上で、神が

「I am what I am」

として存在することになるのだ。

もともとは神前で巫女や修道士が「神降ろし」のための「舞祈」の効果を高める目的で他の巫女達や修道士達が神前の周囲で唱えた祝詞や聖歌の言霊の力だったものが、時とともに「舞」による「神降ろし」の神髄を伝える者が少なくなっていき、現在のようにまったく「舞」のない「舞祈」として

の祝詞奏上や聖歌唱和のみが神前での「神への祈り」の意味を持たされてしまったのかもしれない。だが、真に重要なのはあくまでも「神降ろし」の秘儀によって具現する「神の視野」をとおし、すべてのものに限りなく降り注がれる神の慈愛の存在に気づくことなのだ。その意味では、「神への祈り」の場面に再び「舞」を登場させ、「舞祈」による「神降ろし」の復興を図る必要がある。

ただし、どの宗教においてもその表舞台からいったん消え去ってしまった「舞祈」と「舞」を再登場させることは、決して簡単なことではない。といって、「舞祈」による「神降ろし」を前面に掲げて新興宗教を興したとしても、一般の人々の目には奇異に映ることは火を見るよりも明らかであり、決して世の中から広く受け入れられることはないだろう。現代社会においては、「踊る宗教」とか「舞い狂う信仰」などを邪教と判断するステレオタイプが既に確立してしまっているのだから。

では、「舞祈」ルネッサンスは不可能なことなのかというと、確かに宗教界においてはそうなのかもしれないが、いったん狭い意味の宗教を離れることで一度は可能となった事例が存在する。それこそが、大正末期から昭和初期にかけて開祖・植芝盛平翁によって生み出された「合気道」というまったく新しい「武道」であり、広い意味の神道系の「宗教」に他ならない。合気道を宗教呼ばわりするのは、多くの武道家にとっては不本意で納得できないことかもしれないが、実際のところ合気道の成り立ちが祝詞奏上に合わせた「舞」のごとく身体を動かすことで「愛魂」の効果を得て「神降ろし」

の身体で敵を制する技法にあったことを考えれば、それがまさしく「舞祈」を復興したものだったという点に異論を唱える余地はないだろう。そして、まさにその点において

「合気道は神道」

であり、従って合気道は広い意味の宗教でもある。

残念なことに、せっかく「舞祈」ルネッサンスを果たした合気道においても、開祖・植芝盛平翁が天に召されてからは舞祈と愛魂による神通力を根元とする本来の姿から大きく逸脱してしまい、この地上から「舞」による「神降ろし」の秘儀の法灯が再び消え去ろうとしている。風前の灯火を何とかしなくてはならないのだが、単に大学と大学院で合気道部に所属していただけで開祖に直接師事したこともないこの僕では、とうてい役不足の感は否めない。もちろん、いくら開祖が武田惣角から学んだ大東流合気柔術をその後開祖の兄弟子だった佐川幸義宗範から学び、またカトリックの修道士に伝わっていたキリスト由来の活人術としての「愛魂」をスペイン人神父から継承する機会に恵まれ、さらにはエジプトの古都ルクソールにおいて舞姫から「舞祈」の重要性に気づかされたという事実を考慮してもなおのことだ。

何故なら、はたして植芝盛平翁が興して下さった合気道の神髄が本当に祝詞奏上に合わせて身体を

動かす「舞祈」による「神降ろし」にあったのかどうかについて、僕自身では何ら判別する術を持たないからだ。あくまで、記録されたビデオ映像と録音された稽古時の音声に残った天界にまで突き刺さるかのような甲高く鋭い気合いや、直弟子の方々が著した開祖についての神通力的な能力の数々から推し量るしかない状況だった。そう、極めて最近に至るまでは……。

ところが、ところがだ。まさに事実は小説よりも奇なり！

ほぼ時を同じくして、二人の人物から合気道開祖・植芝盛平翁について僕自身がまったく知らなかった重要な事実がもたらされることになるのだ。それにより、これまで合気道の成り立ちについての理解の中で欠けていたミッシングリンクが判明し、それまで無関係だと思われてきた僕自身の中での個人的なつながりがオセロゲームの駒のように有機的に結びついた瞬間、ついに合気道の神髄にまでもたどり着くことができた。そう、

「合気道は神道」

であり、合気道の動きは祝詞に合わせた「舞」だという事実に！

以下に続く数節においては、まず如何にして合気道というものが生み出されていったのか、武道界においても広く知られている大東《だいとう》流合気柔術や神道系新興宗教「大本」との関わりのみならず、これ

まであまり前面には出てこなかった大本以降の植芝盛平翁の動きにも着目して解説しておく。その上で最終節においては、開祖・植芝盛平翁による合気道の原点に立ち戻った上で合気道を広く復興させていくことが、熟成した現代社会において将来的にも無理なく正しい形で、古来よりかろうじて受け継がれてきた「神降ろし」の秘儀を遺していく唯一の道であると宣言したい。

十五　手乞と惟神の武道・大東流合気柔術

まずは、植芝盛平が興すことになる合気道の投げ技や極め技の手本となった大東流合気柔術の成り立ちから見ておこう。大東流（本来は「やまとりゅう」と呼ばれていた）はある意味、武道という枠組にはとうてい収まりきれるものではなかった。伝えられるところによると、大東流における「合気」というものはもともと神社で神主と巫女が密かに行なっていた神前の儀式で「手乞《てごい》」と呼ばれていたものにおいて中心的な役割を果たす働きのことを表している。

手乞は古事記のなかにも「手をつかんで、ひしいで投げた」という記述があり、歴史学者にいわせれば国技相撲の原型だともされているが、そもそもは神主が神様を降ろし、か弱い巫女が体格の大きな男を投げ飛ばすという神秘的な行法だったらしい。

手乞は別名「御留め技」とか「御式内《ごしきうち》」とも呼ばれ、神社の境内で外から見えないように囲った内で密かに行なわれていた。その噂が広まると、行の核心が外に漏れないようにカモフラージュするためにわざと嘘の情報を作り上げ、祭りのときなどに木こりなど体力のある若者を「力士」として集め衆人環視の中で闘わせていたという。そこから生まれた力技の体系が、後に宮相撲として形成されていった。相撲が何故四色の房に飾られた土俵の上で闘い、何故そこに行司がいるかというと、それは本来の神社の御式内での手乞の形式を真似ているからだ。行司は神主が務めなければならない。

神主はその名のとおり神様を自在に呼べる人であり、まず神のお取り次ぎとして猿田彦命《さるたひこのみこと》が呼ばれ、その場にいる巫女に猿田彦命をとおしてその時々に必要な神々が降ろされる。それ自体が行司役の神主の行であり、いざというときに殿中の殿様をお守りするためにその行は行なわれていたようだ。御式内という言葉から、天皇家や公家でも行なわれていた可能性が高い。いざというときに天皇や皇太子を守るため、側に仕える行司が天皇や皇太子に対して行なっていたのだろう。必要なのはそうした秘密の行ができる行司、神主の存在であり、各地の主要な神社でそうした行司の養成がなされていたようだ。

だが、手乞自体はどんどん廃れていき、カモフラージュのために祭りの場で行なわれてきた宮相撲が次第に人気を博していくことになる。

こうした手乞のような行はもともとユダヤ教の中にもあったし、ユダヤ教以前はギリシャの神々が人間とのつながりを利用して、神々の力や智慧を神伝として授けるときに利用したもののようだ。ユダヤ民族の一部が弥生時代後期に日本に流れ、ユダヤ教が神道として形成されていったという説は、イスラエルやアメリカ在住のユダヤ人の何人かが研究し、世界的にも知られてきている。それによると、行司が相撲でかける言葉に「ハッケヨイ、ノコッタ、ノコッタ」があるが、これはユダヤの古代ヘブライ語では「倒せ、やれ、やったぞ」のような意味となるという。

また、ユダヤ教以前のギリシャ時代に行われた古代オリンピック競技は、現代のオリンピック競技の原型となったといわれているが、古代オリンピック競技の本質は現在では完全に廃れてしまっている。例えば古代オリンピックで行われていたレスリングについては、その競技会場には対戦するそれぞれの選手の控え室があるのだが、どちらの控え室にも瞑想のための小さな小部屋が用意されていた。対戦前に各自の控え室内の小部屋で瞑想を続ける二人の選手の様子は、それぞれ観察役の神官がチェックし、選手から自我意識による勝負への執着心が消えて神と通じることができた時点で控え室に旗を掲げて競技場で待つ審判役の神官に知らせるのだ。

こうして、対戦する両者に神が降りてきたことを確認できた審判が両方の対戦選手に声をかけて競技場に呼び、審判の合図の下で試合が始まる。つまり、現代のオリンピックにおけるレスリングなどの対戦競技は完全に選手同士の自我のぶつかり合いでしかなく、体力と技量に勝る者が勝利を手にする極めて動物的なレベルの闘いの場となってしまっているのとは正反対で、古代オリンピックにおけるそれは神降ろしによって神と通じた二人の選手が競技場で神業を繰り広げることによって観衆が神を身近に感じて感動する神人合一の場となっていたという。まさに「手乞」と同じく、神前での秘儀として執り行われていたのが古代オリンピック競技であり、競技の勝敗が本質ではなく「神を降ろして参加する」ことに意義があったのだ。

このような例からも読み取れるように、神を巫女に降ろす「手乞」あるいは「御式内」と呼ばれる神主の行のルーツは、ユダヤ教や古代オリンピック競技にも見出される。レスリングなどは一見して格闘競技と考えられてしまうが、実は武術や格闘技として行われていたのではなく、神降ろしの場を生み出すための神前に捧げられる儀式における「舞」と同様の身体表現による「祈り」として位置づけられていたのだ。

NHKの大河ドラマ「八重の桜」で一般にも知られるようになった幕末の会津藩家老・西郷頼母（保科近悳）は、まさしく「手乞」の行司の流れを引く神主だった。会津藩の家臣達が敗北した武士として当然のように自決していく中にあっても、自分には役割があるとして明治新政府の時代にまで生き残ったのは、西郷頼母が武士ではなく神主だったからだともされている。

明治時代に西郷頼母に出会ったあるいは見かけたことがあるという複数の武道家の話として、西郷頼母の歩き方を見るかぎりとうてい武術の心得がある人物とは思えないというものが残っていたことも、彼が武士としてではなく神職として会津藩の家老を務めていたことを裏付けている。神職でありながら家老という城主に近い要職にあったのは、これまた西郷頼母が「手乞」の行司を務めることができ、非常時には城主やその跡継ぎとなる嫡男に「神降ろし」を行って窮地を脱出できる能力を与えることができたからだと考えれば納得ができる。また、あえて生き恥をさらしてまで自分が生き延びる必要があったという「自分の役割」が、まさに開城後の苦難の道を歩むであろう城主の嫡男に対して必要なときにいつでも「神降ろし」ができるように側に仕えることだとすれば、これもまた大いにうなずけるところだろう。

さて、話はここで急に大東流合気柔術へと飛ぶのだが、武道界において大東流合気柔術の中興の祖とされる武田惣角は、明治維新の混乱の世にその会津藩武田家に生まれている。父の武田惣吉は西郷頼母と同じ会津藩の神職に属し、宮相撲の力士であり剣術家でもあった。長男は家を継ぐために神学を学んだが、次男の惣角には兄とは違って勉強が嫌いだったため学問ではなく剣術を習わせている。だが長男が亡くなると急遽、惣角に神職の家の跡継ぎをさせるため家老だった神主の西郷頼母に預けられることとなった。

だが、惣角はわずかな期間で西郷頼母から逃げ出している。子供のときから暴れん坊で手が付けられなかった惣角は、それまでも東京を始めいろいろなところに預けられていたが、三日と持たなかったという。遠く離れた地への旅に憧れ、武者修行と称して沖縄から北海道まで全国を巡り歩いたこともあり、その道中での武勇伝には事欠かなかった。

ところが現在の武道界においては、会津藩に伝承されていた「御式内」と呼ばれる城主とその嫡男に限って伝えられてきた秘伝武術を武田惣角が再編成し、大東流合気柔術として広めたといわれている。それ故に、大東流合気柔術は「惟神《かむながら》の武道」と呼ばれることもある。「惟神の道」は神道のことであり、「惟神の武道」ならばまさに神道における秘儀としての技法を根幹とするはずのものだ。

明治時代よりも前に大東流という武道流派があったのかは不明で、当時その名を知る者がまったくいなかったということで、大東流という流派そのものが消えてしまっていたのだという。そのような状況にあって、会津藩の「御式内」即ち「手乞」から再び大東流の技法を再編成したということによって、武田惣角は大東流合気柔術の中興の祖という位置づけとなったのだろう。

だが、「合気」が武術ではなく神術であり、「合気道」が武道ではなく神道だとすればするほど、僕は武道界に広まっている惣角を大東流合気柔術中興の祖とする説に大きな違和感を抱かざるを得ない。

くりかえすが、「手乞」の行司を務めて要人に対して「神降ろし」を行うことができた神主である西郷頼母の下に、武田惣角がいたのはほんの短期間だった。晩年、「大東流を習ったのか」という質問に対して武田惣角は「習ったことは習ったが……」と答えているが、本当に習って身につけたのであれば堂々と「習った」というはず。つまり、武田惣角の父親に頼まれた西郷頼母が、「手乞」の行司役として自分の後を継がせようと考えて「手乞」の行を惣角に教えようとしたのだが、惣角自身がそれを嫌って身につけることなく逃げ出してしまったのが実状だったのではないだろうか。

命がけの喧嘩も一度や二度ではないし、三十人のやくざ者を相手に一人で闘ったこともある。ただ、いくら腕力があっても一度に三十人を相手にはできないことを思い知る結果となったため、「手乞」の威力を見て武田惣角は強い関心を持ったに違いない。だが、行は武術とは違うことを本能的に知っていた武田惣角の心を「手乞」に引きつけることはできなかった。他者に神を降ろすことに関心を持てなかった惣角は、もっぱら自らを強くすることに邁進し、諸国を巡りながら自分自身の精神力を鍛える道を選んだのだ。

その小さな身体に人が近寄れないほどの形相を漂わせ、まるで魔物が通るかのような殺気を放ちながら、自身の武術を磨き続けていく。そこには神を信じるのではなく、まるで神と闘い続ける怨念のようなものさえ感じることができる。だが、それはそれで神が降りてきた状態と近い。念は念を呼び、そうして膨れ上がった念の働きは異常な力となって働くからだ。

その異様に膨れ上がった念力は、対戦相手の意識に武田惣角の意識を合わせることを可能にし、その結果体力的にも精神的にも惣角を凌駕するはずの相手をいとも簡単に制し倒すことができたという。こうして敵の意識に己の意識を合わせるという秘技を見出した武田惣角は、その技法を「相手の気持ちに合わせる」ということで「合気」と名付けたのではないだろうか。こうして大東流には、さらに「合気」という名称が付随し、最終的に「大東流合気柔術」に落ち着いたと考えるならば、武田惣角以前の武術界には「気合」という概念や呼称はあっても「合気」は皆無だったという事実が理解できる。

この意味で、大東流合気柔術は会津藩家老だった西郷頼母にまで正しく伝えられていた神道秘儀の「御式内」からは、大きく逸脱してしまったようだ。

やがて、武田惣角は北の果て北海道にも滞在する。当時、維新後の新天地だった北海道の治安は乱れに乱れ、暴力団が我が物顔で力を振るって道路建設を担う囚人や労働者達をも仕切っていた。そうした情勢の中で警察は威信をかけて治安を回復させるため、武道家として名高い武田惣角を北海道に呼びよせたのだが、たちまちやくざの抗争をも納めた惣角はもはや天下無敵と評されるまでになった。この事実を、無頼のやくざという毒を武田惣角という毒をもって制したと理解するならば、やくざ者の無法で非道な行為を極めて効果的に押さえ込むことができたのは惣角が操っていた技がやはり神にまでもはむかおうとする邪念が凝集した念力と呼ぶべきものであり、清和をもってよしとする神道での「神降ろし」によって具現される神通力ではなかったと推測できる。

確かに、武田惣角は各地を旅する道中で村外れにある無人の神社や祠《ほこら》を見つけると、わざわざそこへ近寄って粗相をしたというのだ。普通の日本人なら神社があればまず手を合わせるはずであり、たとえ神を信じていなくても祠でわざわざ粗相するようなことはしない。

そんな武田惣角の神をも冒瀆するかのような振る舞いを聞き及ぶかぎり、「惟神の武道」を受け継いでいるとは考えにくいことは確かだ。

それは、神に恨みがあったとしか思えない行動であり、神術に対する挑戦でもある。西郷頼母は武田惣角に「手乞」の行を教え、行司役として育てようとしたのだろうが、惣角は自分自身ではなく要人や巫女に対して神を降ろして神通力を与えることに納得できなかったのだろう。その結果、神にさえ挑んだのではないだろうか。そう考えると、彼の行動にも合点がいく。神を降ろす代わりに己の念を強くし、その念力で他の霊をも集めることで奇跡まがいのことができたのではないだろうか。ひたすら己の力を信じ、それ故に全国の強者に闘いを挑んで、惣角は百戦百勝していったのだ。


さらに大東流という名称だが、武田惣角はその流派を問われて「やまとりゅう」だと名乗っていた。ちなみに彼は文盲であり、免状を出すときは代書屋に書かせていたので、惣角が「やまとりゅう」といったのを代書屋がそれを「大東流」と書いたのではないだろうか。本来の「やまと」の「や」は「ヤーベ」、つまりユダヤ教の神を表し、「まと」は「マトゥー」で一族とか民を表す。つまり「やまと」は渡来人である秦一族のことを示している。このことからも、大東流が渡来人によって伝えられてきたものだと考えられないこともないのだが……。

西郷頼母から「御式内」即ち「手乞」という神道の行を伝授されるはずだった武田惣角が神を嫌って自力で成したと思われる大東流合気柔術は、神道から見れば邪道といわざるを得ない。「手乞」は本来は要人の命を守るために行司と呼ばれる神主が用いる秘術だったが、惣角は己の力を求めるあまり、その道からは外れてしまったのではないだろうか。武術界からみれば武田惣角は百戦錬磨の強い武道家である。百五十センチという小さな身体にもかかわらず眼光は爛々と輝き、全身に気迫がみなぎっていた。本来神伝である「御式内」を神に頼らずに己の身に実現させようとするあまり、己の執念が邪霊を集めてしまうことで異様に殺気立ち、天下無敵の鬼神に自分自身がなっていったかのように……。

十六　植芝盛平と武田惣角及び出口王仁三郎

本来の神伝武道は西郷頼母の「御式内」までであって、武田惣角がそれをねじ曲げてしまったために、大東流合気柔術と呼ばれて世間の知るところとなった頃には、神前での「神降ろし」の秘儀とはまったく無縁の姿となっていった。こうしていったんは邪道に陥ってしまったかに見えた合気技法だったのだが、神の采配によってそれを再び正道に戻す働きをすることになったのが植芝盛平に他ならない。

植芝盛平は北海道の開拓団に入植中に武田惣角と出会い、自宅に道場を建設して惣角を招いた。だが、ほどなくして父の危篤を知った植芝盛平は財産をすべて武田惣角に譲り、生家のある和歌山の田辺に帰郷することになる。その道中に出口王仁三郎の噂を聞き、心動かされた植芝盛平は出口王仁三郎に会うために京都の綾部に立寄り、そのまま大本教団に入信する。出口王仁三郎の勧めもあって、そこに道場を開設して武田惣角から習ったという柔術を教えることになった。

植芝盛平が惣角に大東流合気柔術を習ったのは、決して長い期間ではなかったし、たとえ長く習ったからといって身につくものでもない。植芝盛平はもともと開拓農民として腕力はあったので、武田惣角の動きを見ながら身体の使い方を憶えて柔術技を稽古をしていたのではないだろうか。やがて満州に宗教国家を建設しようとする出口王仁三郎に同伴して大陸に渡るが、策謀に巻き込まれて幾度も死の危険に遭遇して命からがら帰国する。

その後、深夜の水行の中で黄金の光に全身を包まれて宇宙と一体化するという神秘体験を得て、武道の根源は神の愛だと悟る。つまり、植芝盛平は自分自身に対する神降ろしを経験したのだが、このときの行司役は出口王仁三郎自身だったのではないだろうか。出口王仁三郎という神道系の大宗教家が側にいたからこそ、植芝盛平に神様が降りてきたと考えるのは自然なことだ。その体験後、植芝盛平の技はがらりと変わったと伝えられている。ほとんど人に触れないで人を投げ飛ばすので、傍で見ている者はにわかには信じられず、やらせではないかと思ってしまうほどだった。

テレビでその様子を見た僕もまた、そのころ神様のように崇められていた植芝盛平翁だからこそ、その神々しい姿に感動した弟子達が自ら飛んでいたのかと思っていた。そのため、実際に植芝盛平翁に投げられたことがある合気道の先輩達に真実を教えてくれと問いかけたこともある。そんなとき、一人の先輩はこう答えてくれた。

「あれはやらせではなかった。どういうわけか、ああいうふうにこちらの身体が動くのだが……」

また、別の先輩からは

「植芝盛平先生に投げられたかのように、自分で受け身をしようと動いているわけでは決してない。何故か翁先生にあっという間に投げ飛ばされたような動きをしてしまう、あるいは動きをさせられてしまう……」

という返答を得ていた。「愛魂」の効果でそのようなことになることを自ら体験してきた今の僕ならその現象をよく理解することもできるのだが、当時はそうしたこと自体が不可解なこととしか思えなかった。

そして、今だからこそ思えるのだ。出口王仁三郎は行司役として植芝盛平に「手乞」による「神降ろし」をしていたのではないだろうかと。そうであれば結果的に植芝盛平に神が降り、盛平は神がかった巫女のように力自慢の弟子達の身体を自在に動かすことができたはず。その現象を周囲で見ていたら、当然やらせとしか見えないのだが、それこそが神業なのだ。

それまで邪道に成り下がっていた合気を植芝盛平は自身が神の力を得ることで、結果的に合気の技法を再び神伝とすることができた。その神々しい瞬間に立ち会った出口王仁三郎は、植芝盛平にいったという。

「もう、お前は大東流を名乗るな。これは、それをはるかに超えたものだ。これからは合気道と呼びなされ」

このときから、植芝盛平は自らの技を合気道と呼ぶようになったと伝えられている。

では、なぜ出口王仁三郎が「これはもはや武田惣角に習った大東流ではない」といったのだろうか？意図してかどうかはわからないが、植芝盛平に神が降りたことを知った出口王仁三郎としては、おそらく武田惣角との決定的な違いに気づいてのことだったのではないだろうか。実際のところ、武田惣角は植芝盛平に乞われて一時大本教団の道場でも大東流合気柔術を教えていたので、出口王仁三郎は両者の技の違いについてもわかっていたはずなのだ。

これは最近になって元の大本教団幹部の話として聞いたことがあるのだが、あるとき出口王仁三郎が武田惣角と植芝盛平の違いについて側近にもらしたことがあったそうだ。武田惣角の魂からは血の臭いがするが、植芝盛平は陽気で子供のような魂を持っている、と。

結果的に出口王仁三郎は武田惣角ではなく、植芝盛平に神を降ろした。そうでなければ、「大東流ではない」と自らいうはずはない。その発言は意図的であり、真意は武田惣角によって邪道に成り下がっていた大東流ではないということを主張したのではないだろうか。そして植芝盛平が復興したその神業に対して、「胸を張って、合気道として世に問え」といったのだ。

それからの植芝盛平は、合気道を広めていく。白装束を着けた小柄な年寄りが大男達を次々と投げ飛ばすという噂はたちまち広まっていき、植芝盛平は綾部の大本教団を離れて東京へとその活動の拠点を移していく。

その後、大本教団は政府による弾圧で解体されていくが、教団を離れていた植芝盛平は難を逃れる。

出口王仁三郎は大本教団の教祖である出口なおの婿養子として活躍した人物だが、もともとは京都で神主の養成学校に通っていた若い神職だった。そして、京都の綾部で神の啓示を受けた出口なおは、「艮《うしとら》の金神」という神の言葉を広める役割を授かったとして、布教の初期には金光教に助けを求めている。金光教は岡山を拠点とし、黒住教、天理教と並ぶ神道系三大新宗教のひとつだが、出口なおは当初その金光教の一分団としての地位を得て神の言葉を伝えていたことがある。

この金光教については、江戸時代末期まで宮中祭祀を司っていた白川伯王家に伝わる伯家神道の秘儀が伝承されていたというが、その経緯は次のようなものらしい。明治維新で生まれた新政府によってそれまで皇室で伯家神道を伝えていた白川家が迫害される中で、伯家神道の伝統的な行と秘儀を守るために白川家の書生頭だった高濱清七郎が密命を帯びて、すべての重要な資料と知識を持って京を逃れ、出身地の岡山に避難していた。そこに手を貸したのが岡山の金光教であり、困窮した高濱清七郎を助けるために彼が所持していた白川家の資料を買い取ったと聞く。

この事実をよく思っていない人達は金にあかして買い取ったのだというが、僕自身は岡山の人間として金光教のことは悪く思えない。神道系の新宗教として地元に根づいているし、教育レベルの高い学校も持ち、金光教の図書館は地域の図書館として解放している。信者ではない人も知らないうちに金光教の恩恵を受けているのは事実。僕は宗教に関心はないが、地元に住むものとして金光教は子供の頃から間近に見ているので、地元の人々同様に違和感を抱いてはいない。同じく岡山にある黒住教は江戸時代の秀才の黒住宗忠という吉田神道系の人が興した新宗教だが、それより金光教のほうがやはり馴染みやすいのだ。

その金光教の力を、出口なおは借りていた。自らに降りてきた神の言葉を世に問う術として金光教の支部の宣教師として活動していたのだ。出口王仁三郎は出口なおの噂を聞いて訪ねていき、やがて出口なおに降りている神の審神《さにわ》を務めるようになる。出口なおは王仁三郎が来てからは、必要なときに神様を降ろすことができるようになっていたようである。その「神降ろし」の秘儀が可能になった背景には、むろん出口なおと出会う前の王仁三郎が一度生死の境をさまよった神秘体験によって神に通じる身となっていたことがあるのだが、それに加えて伯家神道の秘儀が金光教に密かに伝わっていたことも忘れてはならないだろう。こうして、出口なおが巫女、出口王仁三郎が行司の役割を果たすことで「神降ろし」の秘儀が正しく行われるようになったのではないだろうか。やがて綾部において二人は協力して大本教団の基礎を作っていく。

当時新聞記者だったやはり岡山出身の岡本天明は、出口王仁三郎による広報宣教の手伝いをして大本教団に入ったのだが、単に記者だった人物が後年何故『日月神事』を書くまでに神に通じることができたのだろうか？　そこにこそ、出口王仁三郎の影響を強く感じることができる。つまり、出口王仁三郎は本当に「手乞」の行司役を務めることができ、身辺で働いていた岡本天明やその後「生長の家」を興す谷口雅春などの青年達に「神降ろし」をしていたのだ。

出口なおによって金光教での「神降ろし」の秘儀を伝えられた出口王仁三郎は、こうして側近の若者達に「神降ろし」を施していくうちに、他者だけでなく自分自身にも神を降ろすことを学んだのではないだろうか。王仁三郎自身『霊界通信』を書き下ろしているが、それは神の言葉を長時間にわたって淀むことなく発声して側近達に口述筆記させて書いたものだ。側近の谷口雅春が書いたという説もあるが、その場合は出口王仁三郎が行司役として谷口雅春に神を降ろして谷口が書いたとも考えられる。

出口王仁三郎は、本田霊学を起こした本田親徳とも交流があったという。そして、本田親徳は伯家神道の書生頭であった高濱清七郎の友人でもある。本田親徳は高濱清七郎から伯家神道の秘儀「祝之《はふり》神事」を学び、「神降ろし」の技法として「鎮魂帰神」の行を中核にして「本田霊学」と称する霊学一派を興したと伝えられてもいる。残された写真を見る限り、本田親徳と出口王仁三郎は雰囲気がよく似ている。本田親徳も出口王仁三郎と同様、自分自身に神を降ろすことよりも弟子達に降ろすことのほうが多かったようだが、このことからも両者が「手乞」の行司を務める神主としての力量を持っていたことがわかる。

このようなことからも、植芝盛平は出口王仁三郎によって「神降ろし」の秘儀を施してもらったのではないかと推測される。それによって、一度は武田惣角によって大東流合気柔術という形にされてしまった神道の秘儀「御式内」が、再び正道に戻され惟神の武道として成就されるべき「合気道」が生まれていくことになる。

十七　神人合一合気道への昇華

　二〇一四年の年明け早々、つまりはつい最近のことだが、書家であり合気道の師範でもあり、合気道創始者の植芝盛平翁に直接師事した山本光輝先生の訪問を受けることになった。それはまた、『合気眞髄——愛魂、舞祈、神人合一という秘法』と題して、「合気」についての僕自身の探求の旅を総括する本書の原稿に苦闘していた時期でもあった。前半こそいつものようにスラスラと文章が出てきていたのだが、後半に合気道の本質についての考察を展開しようと考えて書き進んでみたものの、どうも自分で納得がいかない内容にしかなってはいかない。

　むろん、その理由ははっきりしていた……。この僕が隠遁者様と呼ばれていたスペイン人神父から受け継いだキリスト由来の活人技法「愛魂」が、合気道の本質となっている「合気」と呼ばれる日本武道の奥義と同じものだという僕自身の確信が揺らいでいたからだ。確かに、合気道の開祖である植芝盛平翁が「合気は愛じゃ」と頻繁にいわれ、時には「合気」を「愛気」とも書かれたことからして、「合気」は「愛魂」に間違いはないはず。さらには、晩年の盛平翁が合気道の演武をなされていたときのあらゆるものを慈悲深く愛してやまない限りなく優しい眼光からしても、合気道の真髄もまた「神の視野」から見える森羅万象、あらゆるものに注がれる神の無条件の愛であるはず。

その理解については何の迷いもなかったし、従って「合気＝愛魂」という確信も絶対的なものだった。だが、僕の頭の中でひとつだけ引っかかっていて、そのために絶対的なはずだった確信が時として揺らぐことになったのは、植芝盛平翁が合気道を創始するに至るまでのどこでどのようにして「愛」が登場することになったのかが不明だったからだ。盛平翁に多大な影響を与え、合気道誕生に重要な寄与があったと広く認められていたのは、合気道の技の源流とも見られる大東流の武田惣角と神道系新宗教である大本の出口王仁三郎の二名だが、彼等との交流の中にも「愛」の重要さに気づくことになるような出来事は伝わってはいない。

植芝盛平（画・北村好孝）

ただ、後者は確かに神懸かりを具現していたことから、密かに植芝盛平翁に「神降ろし」の行を施していたのかもしれない。だからこそ盛平翁は「神の視野」

を身につけることができていた……、前節で推論したごとくそう考えることは可能だ。さらには植芝盛平翁自身も、「神の視野」に映る生きとし生けるものすべてに限りなく注がれている神の慈愛に開眼し、涙が溢れ続けたという表現を残している。そう、確かにそのとき「神の視野」を得ていたのだ。だが、問題はその後合気道を創始し、それを多くの人達に伝えていくにあたって植芝盛平翁が実際に合気道の技を示すときに具体的にはどのようにして「神の視野」を実現していたのかが不明だったことにある。つまり、如何にして自分自身に「神降ろし」をしていたのかが、わかってはいなかった。

ところが、ところがだ。くだんの著名な合気道師範がその後ことある毎に植芝盛平先生に関するそれまで僕がまったく知らなかったような貴重な情報を提供して下さったのだ。その中に、何と「九鬼《くかみ》神流」という神伝武道の継承者九鬼《くき》隆治との親交について書かれたものがあった。本来なら初めて目にするためにそれほど気にもとめないことになるはずだったのだが、そのときは違った。何故なら、その少し前に炭粉良三さんが珍しい武道書を見つけたということで、「九鬼神流」についての解説書『神伝武術――三種の神器に隠された南朝の秘伝』（高塚叡直著＝真人会）の存在を教えてくれていたのだ。

さっそく取り寄せたところ、武道というよりも古神道の色合いが濃いという印象を受けたのだが、その中には植芝盛平翁が九鬼神流を伝授されていたという記述さえあった。ここで、該当部分を引用しておこう。

＊　＊　＊

元来、九鬼神流は〝龍虎〟の二巻をもって伝授の証としており、「龍之巻」に武術、「虎之巻」には霊術の次第を記してあったとされる。これは、大正年間に東京浅草に於いて江戸系の九鬼神流を学んだ合気道の祖師、植芝盛平の伝に於いても同様だったようだ。しかし、後に東京四谷荒木町の大本教道場で行なわれた神道関連の会合の席上で初めて隆治公とまみえた盛平は、自分の学んだ武術が九鬼神流で『天眞兵法心釼活機論』の一巻を所持していると告白している。これはまだ東京の青山に九鬼邸があった時分で、大正の末か昭和の初めの頃のことであったという（隆治公懐旧談）。

このとき同席してその状況を審さに見聞した三浦一郎は、その著『九鬼文書の研究』（昭和十六年刊）の中で「神傳武道に就いての筆者註解（一六〇頁）」と題し、次のように記している。

尚今日、古武道の権威として神のごとく謳われている植芝盛髙先生は紀州熊野の新宮のご出身で、先般東京で出合った時、九鬼閣下並びに筆者に向かって「私の武道は九鬼神傳の武道である」と語られ、九鬼神傳天眞兵法の巻物も数巻傳はって居り、又九鬼家の宗司する艮の鬼門金神を奉斎している旨を語られた。先生の今日あるはその精進努力に依ること勿論であるが、又一方斯くのごとき神傳武道の正しき傳統に基くが故であることを見逓してはならない。

＊　＊　＊

そしてまた、まったく同じ時期に僕が主宰する東京道場の門人で、植芝盛平翁の一番弟子として世界に合気道を広めたことで知られる藤平光一師範の心身統一合氣道を修行した年配の門人が、ちょうどその時期にふとしたことで教えてくれたことがあった。それは、藤平先生のところでの昇段審査では、初期の頃には「禊《みそ》ぎ祓《はら》いの祝詞《のりと》」を正座して一時間以上奏上できなければ合気道の技に進めなかったとのこと。血気盛んな若い門人達にとっては投げ技や極め技などならいくらでも続けられたのだが、神道の修行でもないのに意味もわからない祝詞を唱え続けることが一番の苦痛だったそうだ。藤平先生ご自身からは、これは剣の達人として名高い山岡鉄舟が伝えていた行であり、剣術や合気道に限らずあらゆる武道の根幹となっているとの話があったという。

そうして

「その後は祝詞奏上が課せられることはなくなったのでしょうが、自分達の頃は本当に大変でした」

といいながら苦笑いの表情になったとき、その門人の瞳が実に活き活きと晴れやかに輝き始めたことに気づいた。そのとき、僕の脳裏をひとつの閃きがかすめる。それは、三十年以上もの昔に「禊ぎ祓いの詞」をたたき込まれた記憶を蘇らせている門人の頭の中には、当然ながらその祝詞が響きわたっているはず……というものだ。そして、まさにそのときに彼の眼差しが清々しさと慈愛に満ちたものになっている！

次の瞬間、僕は何の根拠もなかったにもかかわらず、絶対的な確信に至る。そう、まさに天恵を得たのだ。そして、それこそがキリスト由来の活人術における「愛魂」の技法と植芝盛平翁の合気道をつなぐための最後のミッシングリンクだった。

それは、植芝盛平翁は「九鬼神流」という神道系の秘伝武術を極めていたからこそ、絶えず祝詞を奏上するという神人合一の秘儀を合気道の根底に取り入れていたというもの。それによって自分自身への「神降ろし」が施され、まさに生きとし生けるものすべてに降り注がれる限りない神の慈愛を見る「神の視野」を得ていたはず。つまり

「神の視野ですべてを見る」

という、「愛魂」の神意を汲み取っていたのだ。

写真に残る植芝盛平翁の瞳の煌めきからもこの事実を容易に推し量ることもできるが、そもそも盛平翁が合気道を創始するにあたって用いた正式名称は「天之叢雲九鬼武産合気道」と記して「あめのむらくもさむはらあいきどう」と読ませるものだったことからも、根底には神道秘儀があることが想像される。「さむはら」を「九鬼武産」と書いたのはもちろん当て字である、この「さむはら」の本来の字体は神代文字《かみよ》だったため何らかの新しい漢字表記が必要となったのだろうが、そこに「九鬼」を入れて九鬼神流との深いつながりを匂わせたところからも、九鬼神流における神道秘儀が重要な役割を果たしたに違いない。

また、「あめのむらくもさむはら」という言霊については、それが大本教団があった京都の綾部で植芝盛平翁が神人合一の境地に至ったときに降りてきた神を、「天之叢雲サムハラ龍王」だとしたことによる。また、この「サムハラ」という神は天地創造の三神、天御中主尊《あめのみなかぬしのみこと》、高皇産霊尊《たかみむすひのみこと》、神皇産霊尊《かみむすひのみこと》の総称であり、すべての神の親神「一元の大神」とされているが、この「サムハラ神」を奉る神社は岡山県北部にある「サムハラ神社」のみだった。このサムハラ神の霊験は奇跡的としかいいようのないすばらしいもので、江戸時代から弾除け、刀難除け、災難除けの神として広く知られていたという。

確かに、植芝盛平翁は数度にわたって自分を正確に狙って撃たれた銃弾が外れてしまうという離れ業を披露していたのだが、これなどはまさに「サムハラ神」による弾除けの神通力としか考えられな

写真 39　岡山県北部の山村にあるサムハラ神社

写真 40　「サムハラ」の字は本来はこのような神代文字で記される（高名な書家であり合気道師範でもある山本光輝先生による達筆をご厚意により接写）

いだろう。このように、盛平翁が創始した合気道とは神道秘儀そのものであり、その成り立ちには宇宙森羅万象のすべてを創り流転させる親神様の働きが不可欠となる。

こうして、会津藩家老職にあった西郷頼母が神職として継承していた「手乞」あるいは「御式内」の秘儀はいったんは失伝したかに見えたのだが、九鬼神流の神伝秘法を修得した植芝盛平翁によって見事に蘇らされたといえる。そこにも、目に見えない世界からの、慈悲深い働きかけがあったに違いない。

ところで、「天之叢雲九鬼武産合気道」という呼称は、その後「武産合気道」と書いて「たけむすあいきどう」と読むようになり、太平洋戦争終結後の混乱の時期を経て「合気道」となった。それは、連合国による占領政策の一環として神道色を排する方向に世の中が進んでいったことや、近代武道のひとつとして世界にも広めていくときに宗教上の問題を起こさないためにも、神道の秘儀とは完全に切り離していくことになったためではないだろうか。

晩年の植芝盛平翁はこうした新しい合気道の拠点である東京の合気会本部道場から離れ、茨城県の岩間に建立した合気神社において翁が創始した本来の姿の合気道、即ち「天之叢雲九鬼武産合気道」を守り続けていた。そして、ちょうどその頃に撮影され全国に放映されたのが、僕が高校三年生のときに偶然目にしたＮＨＫの番組での植芝盛平翁の神秘の合気道だったのだ。そう、あれは単なる合気道ではなく「天之叢雲九鬼武産合気道」であり、気合い一閃で瞬時に相手を投げ飛ばすことができたのは、祝詞奏上による神人合一となった盛平翁によって初めて可能となる神通力があってのこと。

そのときは、「とぉーっ……!!!!」という甲高い「気合い」が一瞬放たれたとしか理解できなかったのだが、四十五年の月日が流れた今ようやくその神意にたどり着くことができたのも、やはり神の恩寵だと思えてならない。あれは気合いなどではなく、祝詞の出だしにすぎなかったのだ。本来なら「天之叢雲九鬼武産合気道」の技が終わるまで唱え続けなければならないのだが、如何んせんその技は神通力によって一瞬のうちに決まってしまうため、常に祝詞の最初の言霊

「トホォー」

だけで終わってしまうだけのこと。

写真 41　相手が強く抵抗していると、かけることができない合気道の技（四方投げ）であっても、祝詞を唱えていれば（写真右の口の動き）相手の身体は崩れてしまい、合気道の技で倒れてしまう

写真 42（左頁）
合気道の高度な投げ技である正面打ち呼吸投げは、相手が抵抗していると実際に技をかけることはできない

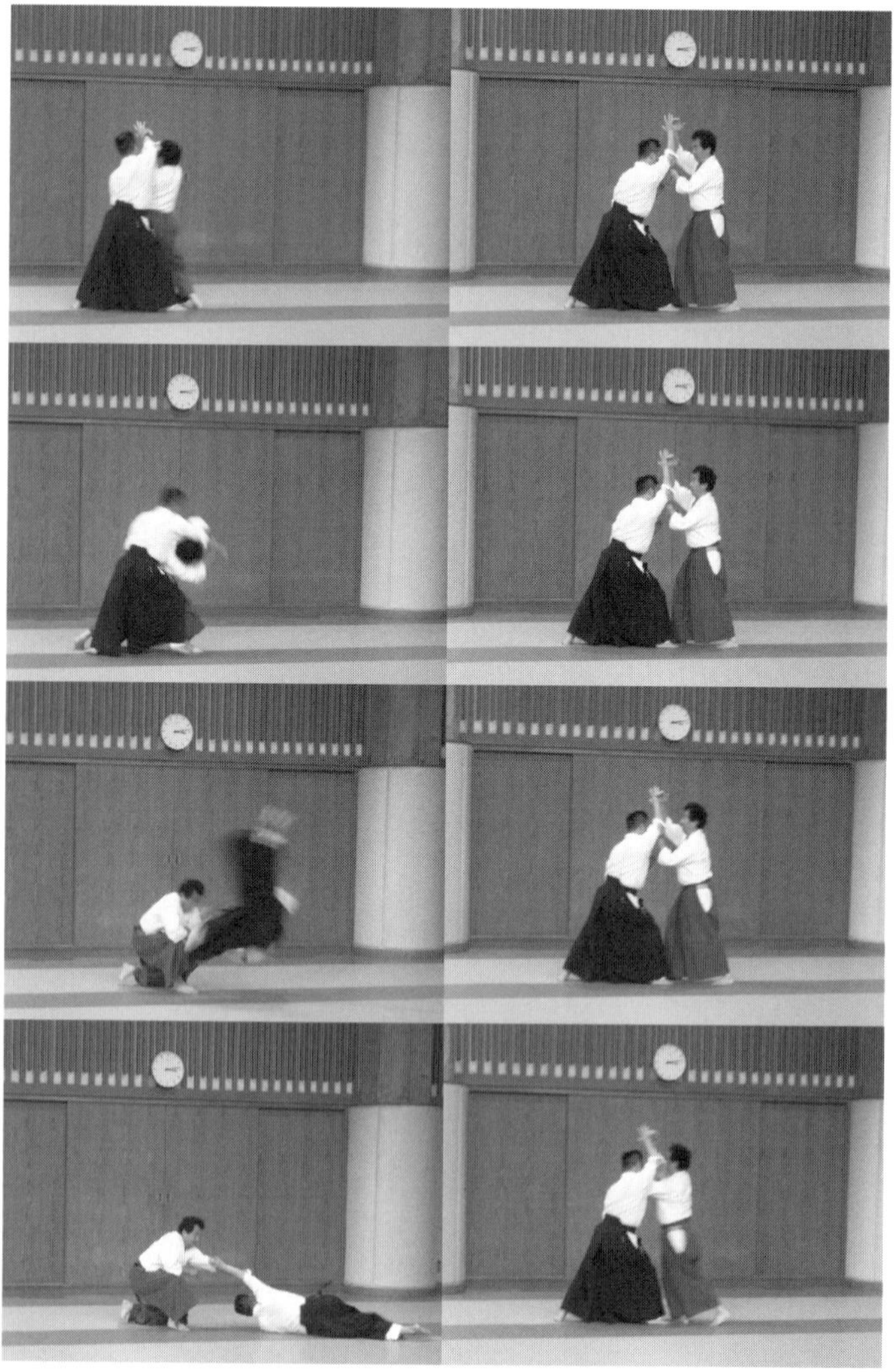

写真 43　相手が抵抗しても祝詞を唱えながら呼吸投げをかけるならば、相手を簡単に投げ倒すことができる

これまた東京道場に通ってくれる合気道歴の長い体格のよい門人が教えてくれたことなのだが、何と彼は僕が今から三十五年ほど前にスイスにいたときにジュネーブにも合気道の指導に来て下さったスイス在住の池田昌富師範の弟子筋にあたり、その池田師範は合気道の技をなさるときには常に祝詞を奏じていらっしゃったという。実は、その池田師範とはジュネーブでの合気道の稽古の後に二人でよくカフェでワインを飲みながら語らっていたのだが、そんなときには日本で内弟子として師事されていた植芝盛平翁と野口整体の創始者野口春哉について、僕などがとうてい知り得ないようなことを親しく教えて下さっていた。

ご自身が現役の相撲力士として十両の地位にあったとき、見かけは普通の小柄な老人としか思えなかった植芝盛平翁に訳もわからぬまま投げ倒されてしまい、その場で入門を願い出た池田師範は内弟子として盛平翁の側に仕えながら、合気道の眞髄を吸収していったご自身についての話もその頃に聞くことができた。今から思えば、そんな池田師範だったからこそ、植芝盛平翁が日々の研鑽としてなさっていた九鬼神流由来の神道秘儀も正しく理解し、ご自身の合気道技法に素直に取り入れていたのではないだろうか。

まことにこの身の不徳とするところだが、当時スイスで初めて池田師範にお目にかかったときにはとてもそこまで見抜くことができず、巨漢の豪腕ぞろいだったスイス人相手に合気道の師範を続けておいでだったのは、十両力士として相撲を取っていた体力と気力のなせる業だとしか考えが及ばなかった。それが、その後の三十五年に及ぶ「合気眞髄」を求めての探求、いや遍歴を経て、ようやくその神意に立ち戻ることができたのだ。

思えば遠くに来たものだ……とは、つい最近までの僕自身の正直な思いだったのだが、こうしてみればまさに「幸せの青い鳥」と同じで、実のところ「合気眞随」は最初からごく身近なところ、岡山にあったということかもしれない。

ちょうどここまで本書の原稿を書き進め、これで後書きへとつなごうと思っていた二〇一四年三月二十一日のこと、僕は武道・格闘技マニア向け雑誌「月刊・秘伝」の依頼で兵庫県の尼崎へと向かった。ロシア武術「システマ」の創始者ミカエル・リャブコ師との対談を収録するためだ。システマとは、旧ソビエト陸軍並びに現ロシア陸軍の特殊部隊「スペッナツ」における特殊格闘技として、ロシア革命以来ごく限られた範囲でのみ伝えられてきた武術技法を、その指導者だったリャブコ師が陸軍退役後に一般向けに広め始めたもの。さらに遡るならば、その技法は代々ロシア正教の修道士達に受け継がれてきたものであり、実は僕自身が広島の山奥で隠遁生活をしていたスペイン人修道士から授かったキリスト由来の活人術と同根のものとなっている。

ということで、機会を見つけて近い将来モスクワにミカエル・リャブコ師を訪ねてみたいと以前から考えていたところに、願ってもない対談話が「月刊・秘伝」から飛び込んできたわけ。むろん、僕はふたつ返事でお引き受けすることにして、リャブコ師が初めて関西でシステマ講習会を開くことになった尼崎の会場に行った。その日は寒いが気持ちよく晴れ上がり、新幹線と在来線を乗り継いで目的地に近づいていくにしたがい、まるで子供のように気分が楽しくなっていく。わくわくとしながら会場となっていた公共施設に入っていくと、まだ午前の部の講習会が奥の講堂で続いているようで広いロビーや廊下を歩く人の姿もない。そのうち対談を収録してくれるスタッフが出てくるだろうと思った僕は、空いていた廊下のソファーに腰掛けて時間をつぶすことにした。

座ると同時にふっと一息つきながら何気なく正面を見ると、その視線の先には廊下の向こうにあった別のソファーに座って数人の立ったままの人達に囲まれて談笑しているミカエル・リャブコ師の姿があった。まさにシステマを紹介する写真記事やビデオ映像で見たとおりの容姿と服装だったためにすぐわかったのだが、しばらくその姿を眺めていたとき僕が座っていたソファーの方向をふと見やったリャブコ師と目が合ってしまう。どちらからともなく互いに目で笑いながら軽く頭を下げ、気がつくと実にさわやかな初対面の挨拶となっていた。

そう、誰かに紹介されたわけでもなく、それぞれがただ廊下の向こうとこちらに置かれていたソファーに座って、ふと気がつくと互いに目が合ったときに自然に笑みがこぼれ会釈を交わす……。そんな、実に詩的で絵になる出会いを、初対面のこのときに果たしてしまう。心地よい至福の時が流れ、僕の心は何も考えることなくただただその空間に漂っていた。

そこから始まる六時間は、僕自身の長年にわたる合気探求の旅に終止符を打つ本書の原稿をちょうど書き上げていた僕にとって、まさに神の恩寵が散りばめられたものとなっていく。一時間ほどかけた昼食時には、ビールで何回も乾杯しながら、この僕が最も知りたかったことについて真摯に答えて下さった。その後の三時間は僕もシステマの講習会に参加させていただき、ミカエル・リャブコ師自ら僕を相手にシステマの眞髄を披露して下さる。そして、講習会が終了してからの二時間、リャブコ師と僕による対談が予定どおり収録された。

講習会と対談については雑誌「月刊・秘伝」二〇一四年六月号の記事として掲載されるものであるため、それをここでお披露目するわけにはいかないが、興味のある読者諸姉諸兄は是非とも「月刊・秘伝」誌面をお読みいただきたい。ただ、ここでふたつのことについてだけ、特筆しておくのは許されるのではないだろうか。

ひとつは、昼食時にビールによる乾杯が入ったことで初対面とは思えないほど場が和んでいったこともあり、開口一番に僕が最も知りたかったことについて切り込んでいったときのことだ。それは、ロシア武術システマについてのさまざまな情報の中に、もともとはロシア正教に伝わっていた修道士達のための秘儀だったという記述があったことについてだった。僕自身が広島の山奥で不思議な出会いを果たしたスペイン人修道士で、隠遁者様と呼ばれていたエスタニスラウ神父の遺影をお目にかけた上で、隠遁者様が受け継がれていたカトリックに伝わるキリストの活人術とシステマとの間に共通点が非常に多いことから、両者は同根ではないかと問いかけたわけ。

それに対するミカエル・リャブコ師の返答は、僕の考えに近いものだった。いわく、この修行がカトリックとロシア正教との間に分かれていったのは紀元四〇〇年頃であり、カトリックに残った技法が「外的」なところに向かったのに対し、ロシア正教に流れてきた技法は「内的」なものとなっていったそうだ。まるで、中国の気功が南北で外気功と内気功に分かれたことにも通じているかのような初めて知る内容だったが、ともかくこうしてロシア武術「システマ」としてリャブコ師が受け継いできたものと、キリスト由来の活人術「冠光寺眞法」としてこの僕が継承してきたものの源流が同じだったということが明らかとなった。

昼食時には隠遁者様の写真だけをご披露したのだが、夕方からの対談のときには隠遁者様の形見としてずっと持っていた隠遁者様の作になるイコン（キリスト肖像画）を貼った木の十字架をお見せした。それを手に取ったリャブコ師は、胸に十字を切ってから隠遁者様の十字架に何度も口づけをし、額と鼻の頭に交互に当てながら小さな声で祈りの詞を唱えてくれたのだ。最後には、着ていたシャツの襟首のところからご自身がいつも身につけている十字架を取り出し、その十字架と隠遁者様の十字架とを合わせるようにして下さった。まさに、紀元四〇〇年の頃に東西に分かれて密かに伝えられていたキリストの秘儀が、その後千七百年という長い年月を経て今こうして再び合いまみえることになった瞬間、日暮れ時だったにもかかわらず窓辺のその場は何とも不思議な光に明るく包まれていた……。

もうひとつ特筆すべきは、ちょうど本書の原稿も最後まで書き上げたタイミングであったため、合気の眞髄が「愛魂」即ち「神の視野で見る」ことにあり、それを具現するための技法として「神降ろし」の秘儀として伝えられてきた神前での「舞」と「祈り」である「舞祈」にまで僕自身の理解が及んでいたということだ。そのため、システマの創始者として世界的に知られるミカエル・リャブコ師もまた、システマの最も奥深いところでの修行として神道における祝詞奏上やカトリックにおけるグレゴリオ聖歌唱和に対応することを日々なさっているのかを確認しておきたかった。

表面的にはロシア正教徒としての神への敬虔さを問うかのような質問に聞こえるため、幾分失礼だったかもしれないが、リャブコ師は僕の真意をきちんととらえた上で

「これは決しておだてているわけではなく、本当にそう思っているのだが、お前はこれまでこの私にシステマについて質問してきた人達の中で最も頭がいい奴だ」

とまでいい放つ。

「何故なら、システマのシステマたる所以こそがまさにそのようなロシア正教における日々の礼拝の中に潜んでいるにもかかわらず、システマを研究しようとするあるいは実践しようとするほとんどの人々は、そんなところにまでは考えが及ばないからだ……」

と続けられたリャブコ師の言葉からは、確かに師が絶えず神であるキリストへの祈りに明け暮れておられることを読み取ることができた。

そして、最後にはこう締めくくって下さった。

神への祈りで大切なのは、それが神に自分のことを好きになってもらえるような自分になるためであり、単に強さを神に求めているのではないということだ。強くなりたいと必死で祈ったところで、神様が天使のような存在を降ろして下さるのか、あるいはその正反対のところから暗黒のものが入り込んでくるのか、結果はまったくわからない。どちらかといえば、暗黒のものが入り込む可能性のほうが圧倒的に高いし、そのような暗黒のものが入り込むなら人間は確かに激しく強くなれるため、それを願ってしまう場合も多い。

だが、そんなことで強くなるのは意味のないことであるし、その人間は破滅の道を歩んでいるにすぎないのだ。そうならないためにも、我々の場合はロシア正教に伝わる秘儀としての礼拝時における聖歌が重要となり、聖歌を唱和している限りは決して暗黒のものが入り込むことはない……。

ついに、終着駅へとたどり着いたのだ。僕自身の「合気眞髄」を求める長い道のりを振り返れば、二本のレールでつながれた幾多の途中駅のことが思い起こされる。

神＝神道＝舞＝祈り＝舞祈＝愛魂＝神降ろし＝慈愛＝愛＝言霊＝人

しかも、それは東京の山手線や大阪環状線のごとく、くるっと一周して元に戻ってくるループ状の線路であり、終着駅を含めこれらの途中駅のすべてがイコール、つまり等号「＝」で結ばれていることになるわけで、結局は互いに同じものでしかないということ。

合気眞随、それは神と人を結ぶこのようなレールと途中駅の総称であり、その上を駆け巡っていくならば神人合一の境地に至ることができる我々人類に与えられた秘法でもある。そこは誰か特別に選ばれたわずかの人のみが至る冥府魔道ではなく、清く、明るく、美しく生きている人であれば、誰もが皆至ることができる高天原《たかあまはら》に他ならない。

おわりに

あれは高校三年生のときだったから、もう四十五年も前のことになる。岡山の片田舎に住んでいた少年が、意を決して合気道の達人・塩田剛三先生に手紙を出したのは。その半年ほど前にＮＨＫテレビで放映された合気道の開祖・植芝盛平翁の演武を見た直後に書店で見つけた合気道についての唯一の本が、東京で養神館道場を主宰していた開祖の直弟子塩田剛三館長によるものだった。

本などめったに読まない劣等生だったのだが、最後まで目をとおしたときには、この著者のような生き様を送ってみたいと思うようになっていたようだ。そのためには、まず合気道を始める必要がある！　そう決意した僕が出した本当に拙い手紙だったのだが、しばらく経ってからちゃんと返事が届く。そこには、岡山にはまだ養神館合気道の道場はないので、大学に入って東京に出てきたなら是非とも養神館で共に合気道を学んでいきましょうと書かれていた。

むろん、ご多忙な塩田先生自ら書かれたのではなく、内弟子の方か道場事務所の方に代筆を指示されたのだろうとは思う。しかし、それでも田舎で手に入る唯一の合気道の解説書を著したご本人からこうして返事を頂戴できたことは、当時の僕を大いに発憤させる結果となった。事実、「よし、大学に進んで合気道をやるぞ！」と意気込んだ僕は、既に秋口に入って手遅れの感は否めなかったのだが、人並みに大学受験勉強なるものを始めたのだから。

こうして何とか合格できた大学は、東京を通り越して陸奥仙台にあり、念願かなって開始した大学合気道部での稽古は養神館の流れではなく、開祖植芝盛平翁の血筋をくむ合気会系のものだった。そこから始まるこの僕の支離滅裂な人生行路の詳細は拙著『路傍の奇跡——何かの間違いで歩んだ物理と合気の人生』（海鳴社）にあるとおりだが、こと合気道に関しては『合気開眼』や『合気の道』で独白したように、それなりに追い求め続けてはきた。

気がつけばいつの間にか還暦を過ぎてしまい、これまで直接に教えを受けた合気道の奥村繁信師範、斎藤守弘師範、山口清吾師範、それに合気道の源流として武道界に知られる大東流合気武術の佐川幸義宗範（「宗範」は「師範」の長）はそれぞれ既に他界され、残念ながら一度もお目にかかる機会のなかった養神館の塩田剛三館長もまた今はこの世にはいらっしゃらない。

結局のところ、この僕の極端に細い合気道人生の中で最も大きな気づきを与えて下さったのは、彼等偉大なる武道家達による貴重な教えではなく、まさに神の御導きとしかいいようのないスペイン人カトリック修道士マリア・ヨパルト・エスタニスラウ神父様との出会いによって与えられた、キリスト由来の活人術「冠光寺眞法」の教えだった。「汝の敵を愛せよ」というイエス・キリストの言葉を単に理性的、倫理的に捉えていたのでは決して体現することのできない「愛の力」が実在するという驚くべき事実に気づかされたのは、死の淵をさまよっていた僕が信者でもないのに聖母マリアにおすがりしたときだった。

このときの神秘体験については佐川邦夫というペンネームで著した『魂のかけら——ある物理学者の神秘体験』（春風社）に詳しいが、その後の僕自身に怒濤のごとく押し寄せてくる目に見えない世界からの意味深い働きかけの数々に流されるまま、気がつけば冠光寺眞法を基本にすえた柔術流派「冠光寺流柔術」と合気道会派「星辰館合気道」を興し、各地の道場で一人前に指導する立場にまでなってしまった。

養神館合気道の塩田剛三先生もまた、「合気道の極意は自分を殺しにきた相手と友達になることだ」という言葉を遺されていることからしても、敵を愛することを極意とするキリスト活人術に基づく星辰館合気道や冠光寺流柔術の発展を天国から見守っていて下さるに違いない。

キリストの教えが武術の形で密かに伝えられてきたなどというと、心ない武道家の失笑を買うことも少なくないのだが、そのような方々に限って数年前から日本にも紹介されるようになったロシア陸軍特殊部隊スペッナツの格闘技を一般に公開した「システマ」の素晴らしさを「ロシアの合気道」だなどと讃えているありさまにはあきれてしまう。システマもまた長年ロシア正教の修道士達に伝わってきたキリスト活人術であり、ロシア革命以後のロシア正教会弾圧の中でもソビエト陸軍の格闘技としてかろうじて伝承されてきたものだという事実を棚上げしていることにも気づかず……。

確かにキリスト伝来の活人術であるカトリック系の冠光寺眞法もロシア正教系のシステマのどちらもが、日本で興された合気道の中核をなす「合気」と呼ばれる不思議な崩し技法に似たものを有してはいる。だが、一方は今から二千年前にイスラエルの地でイエス・キリストによって体現されたものであり、他方は大正・昭和期に植芝盛平によって興された後に日本の武道界のみならず広く一般にも知られてきた百年程度の歴史しかないものだ。

そんな時代的にも地理的にも大きくかけ離れた両者の間に「合気」という共通項が存在するということ自体、端から否定する向きも多いに違いない。さらには、武道家や科学者あるいは一般の有識者になればなるほど、小柄で非力な年寄りが血気盛んで屈強な若者を簡単に投げ倒す「合気」だなどという秘法は、単に時代小説や劇画の中にのみ存在する夢物語にすぎないといい切る風潮にあるのも事実。

だが、真実は小説よりも奇なり！

いや、それどころか「合気」こそは古神道やキリスト教など世界中の宗教にさまざまな形で継承されていた「神人合一」ないしは「神降ろし」の秘法に他ならない、人間の本質である魂のつながり、魂と神とのつながりを現実の中に投影する「愛」の働きそのものだという本書でお伝えした真実。それがたとえわずかであっても有意の士によって真摯に受け止めていただけるならば、多方面から後ろ指を指されるのを覚悟の上でカミングアウトした僕のレゾンデートル・存在理由もまた、まんざらではなかったのかもしれない。

そんな読者諸姉諸兄に感謝しながら、この僕の一連の合気探訪にここで一応の終止符を打っておこうと思う。

エジプトの古都ルクソールで「舞祈」に気づかせてくれた姪は、ギザの大ピラミッドの「王の間」の中で「愛魂」の眞髄にも触れさせてくれただけでなく、その後聖母マリアの聖地ルルドへの巡礼においてはこの身に起きた合気神伝の瞬間を見事に捉え本書の表紙カバーを意味深いものとしてくれた。長年にわたる合気探訪の旅の最後に、アンドロメダ銀河、シリウス、レムリア大陸、ドゴン族、エジプト文明においてもこの僕の魂を助けてくれた姪の魂に再会できたことの神意については未だ不明だが、姪の魂が今のまま清く明るく美しい状態で地上を離れていけるよう願ってやまない。

僕自身が一時期真剣に修行した大東流合気柔術については、それに対する思い入れが強すぎることで客観的な記述ができない可能性を排除するため、書籍編集者としての経験豊かな新谷直恵さんに完全に筆を預けることにした。ここに明記して、感謝する次第だ。

また、盟友炭粉良三さんは、僕の古くからの弟子であり「愛魂」を武道のみならず日常生活の場でも最大限に活用している恒藤和哉さんについての紹介記事の執筆を快く引き受けて下さった。いつもながらの彼の軽妙な文章でまとめ上げて下さった巻末附録「恒藤和哉伝」には、僕自身が書くことを熱望してはいても文章表現の未熟さ故にこれまで記すことができていなかった主張がものの見事に掲げられている。是非にも、ご一読願いたい。

伝統ある学術出版社の社主として数多くの科学者や哲学者、思想家の著作を世に問うことをライフワークとされてきた辻信行さんには、ビールのグラスを空ける度に「今では武道関連の出版社と思われているよ」とチクリといわれ続けてはきたが、それでも笑いながらちゃんと企画をとおして下さったこれまでのご厚情にここで心よりの謝意を表したい。

彼がいなかったなら、僕の合気探訪の旅は未だに始まってさえいなかったかもしれないのだ。出版不況が叫ばれて久しいが、海鳴社というかくも良心的な出版社に巡り会えたことも神様からいただけた慈愛の表れと信じつつ、筆を置かせていただくことにしよう。

二〇一四年五月、岡山の寓居にて

保江　邦夫

附録　恒藤和哉伝

炭粉　良三

初対面のとき

恒藤和哉、昭和三十九年広島県生まれ。
三原市在住にして建築業関係の会社を経営。
某流拳法二段。

この男の伝記を書いてほしいと、平成二十五年末に冠光寺流柔術創師・保江邦夫から私に依頼があった。

恒藤和哉か……すぐさま、思い出せることすべてを頭の中からさらい出す。

この男の冠光寺流入門は、かなり早い。同じく古参である神戸道場道場長・浜口隆之の入門が平成二十年七月だが、それよりも数ヶ月は早かったはずだと浜口はいう。だとすると、同年三月頃だろうか。私が兵庫県内のとある神社内公民館にて保江邦夫を迎え、その突き倒しと合気上げに度肝を抜かれた頃だ。

その浜口が続けていう。

「私が入門して間もなく、まだ何もできなかった頃、稽古で恒藤さんと組ませていただいたことがあった。彼が私の手をがっちりつかんでいるとき、私が力で何かしようとしても恒藤さんはびくともしない。ところが何度かに一度、つかまれたときに私が《何もしない》のに、彼が倒れることがあった。この体験は強烈なもので、今でもはっきり思い出すことができる。当時はどうすればそれができるのかはわからなかったが、力に頼らなくても人は倒れることがある、ということを教えてくれたのが恒藤さんだった。この体験は、合気の何たるかを現在も研究中の私にとって、非常に貴重なものとなっている」

その浜口の発言を裏付けるように、拳友会会長にして氣空術主宰・畑村洋数の発言も興味深い。

「平成二十一年九月、私が冠光寺流に入門して岡山に稽古に出かけると、よく恒藤氏が相手をしてくれたが、その度に『固い、固い！　もっと柔らかく！』とアドバイスしてもらった。そして半年も経つ頃、『いや、だいぶ柔らかくなってこられましたね』といわれて、とても嬉しかった」

畑村の入門半年後ということは平成二十二年三月頃であり、まさに彼は氣空術を完成させようとしていた頃と一致するのだ。

なるほどそういわれれば、そうだった。

私は平成二十年七月、保江邦夫と自由攻防を敢行し、合気という原理がその状況下でも有効に働くことを発見して以来しばらくの間保江の指導の下で冠光寺流柔術を学ぶことになるが、保江以外に最初にこの門下の修業者として会ったのが、恒藤和哉だった。

確か平成二十年十二月二十七日だったと記憶する。この年の冠光寺流柔術の稽古納めに出ようと、岡山駅近くで保江の運転する車を待っていたときのことだ。やがて到着したその車の助手席に座っていたのが恒藤だった。車中座っていたときにはわからなかったが、道場である野山武道館に到着して車を降りたときに、驚いた。

「大きい！　身長は百八十センチはあろうか……体重も、自分よりはるかにあるだろう」

そう、これが私にとっての、恒藤に対する第一印象だった。拳法の有段者だと事前に聞いていたので、これは……本日この男と当たればさぞかしガチの稽古になるだろうな、と、内心思った。

ところが、だ。

お互い道衣に着替え稽古に入るや、恒藤は非常に柔らかい動きを見せるのだ。筋力の権化となって押さえつけようとする私を、恒藤は何とも力の抜けた頼りない技でフワリと上げ、投げた。

そして畳に転がる私に、こういったのだ。

「炭粉さん、固いですねー（笑）。もっと、フニャフニャッとなって下さい」……

荒唐無稽な実験

少し時間を戻し平成二十年八月、盛夏の頃。

この頃私は自分が翻弄された謎の技・合気について、必死に考えを巡らせていた。

「いったいあの技は何なのだ？　魔法か？　いや、そんなはずは絶対にない！　どこかに必ずタネがあるはずだ……」

そして以前たまたま読んでいたベンジャミン・リベット博士の『マインド・タイム――脳と意識の時間』（下條信輔訳＝岩波書店）から知った「事実が起こることと、それが『起こった』と我々が認識できるまでに、時間差が存在する」との学説にヒントを見出し、それを基に合気に対する自分の意見書を書くこととなる。その内容は保江邦夫を驚かせ、少々の手直しを経た後それはやがて保江の著書『唯心論武道の誕生――野山道場異聞』（海鳴社）の巻末付録として収録される。これが私の出版界デビューである。この著書は平成二十一年七月末に世に出るが、その少し前になる同年五月、私の身にとんでもない出来事につながるキッカケが起ころうとしていた。

我々の認識より早い段階で、なにがしかの作用により人を動かし得るのが合気だというのなら、そのようなことが実際に可能なものなのかどうか実験してみたらどうか。例えば今自分が「会いたい」と思う人に会えるかどうかなど、その気になれば何も武道の道場だけでなくてもできるはずだ（！）との嫁の提言もあり、そのときにふと思いついた人物（自分とはまったく接点のない異業種の著名人）と会えるかどうかという、荒唐無稽な実験に打って出たのだ。

「どうせ無理に決まってるし、これができない限り自分には合気の素質なんかないのだ」と、半分ヤケクソだったことをこの場をお借りし告白しておこう。ところが、これが見事に成功してしまう下りは拙書『合気解明——フォースを追い求めた空手家の記録』（海鳴社）の「昭和町ドリーム」にて描いたとおりだ。成就するのが同年八月だから、まさに保江の『唯心論武道の誕生』が出版されてすぐの出来事である。

ところで、そんな「昭和町ドリーム」を成就させる私が『唯心論武道の誕生』を読んで、それこそひっくり返るほどに驚くことになるのだ。

それはその第三部「野山道場異聞」を読み、そこで紹介されている恒藤の経験の内容を知ったからである。

『唯心論武道の誕生』に紹介された文章を要約すれば、こうだ。

保江邦夫著『合気開眼――ある隠遁者の教え』（海鳴社）を読んで野山武道館に見学に飛び込んだ恒藤は、腕に覚えがあるが故に保江の技を見ただけでは信用できず、自分にも技をかけてくれるよう保江に懇願するも断られる。保江が断ったのは「武道で強くなりたいとの自我意識からではなく魂からの叫びにより入門しない限り、合気は身に付かない」との見地からである。しかしそれを「入門しなければ技をかけてはくれないのか」と受け取った恒藤は、結局保江の門下に入る。爾来寡黙に稽古を積む恒藤の姿に保江は感心させられ、やがて半年も経った頃に恒藤に黒帯を許す（ちなみに私が初めて恒藤と会ったのが、ちょうどこの頃だと推察される）。

ところが、この頃から恒藤の精進が進むにつれ彼の身辺に変化が顕れ始める。そして彼の会社が下請けした仕事の不具合を詫びるために役所に出向いた恒藤は、激怒する役人に向かって平身低頭謝りつつも、そのときに彼の合気（いわゆる「愛魂」）が発動し、それを受け怒り狂っていたはずの役人の態度が変貌、遂には彼の会社の規模や条件では到底落札できるはずもない大きな仕事を舞い込ませてくれるに至ったという。

もし私が保江邦夫と関わらぬ一般の読者だったなら、この話の箇所を立ち読みした段階で本を閉じ、元の本棚に返した後すぐに立ち去ったことだろう。「よくある『私はこうして成功した』的な本にすぎない。買うほどのものか」とうそぶきながら。

だがそのときの私は、そうではなかった。

あの男……身の丈高く既に拳法の有段者であるあの男が……武道とはまったく関係のないステージで合気の原理を試してみせるとは！

こんなことを思いつく者が、自分の他にもいたのだ！

しかも、既に、先輩として……。

この時点で、やはり恒藤和哉に稽古指導を受け後に氣空術を悟る畑村洋数はまだその姿を見せてはいないが、合気の研究者としてこの頃から独特のスタンスを守り続ける浜口隆之はもちろん、後に「予定調和」という特殊な合気の発現を得意とすることになる（否、それどころか恒藤は私の活法にさえその強い影響力を及ぼすのだが、それに関しては後述しよう）私・炭粉良三も含め、恒藤和哉という男は多くの冠光寺流関係者に少なからぬ影響を与える存在となってゆくのだ。

寡黙であるが故に、饒舌に。

さあ！
これからその恒藤和哉に会いに行こう！
彼はかつていったいどんな人生を歩んできたのだろうか。
保江邦夫から何を学んだというのだろうか。

そして彼はこれから、どこへ行こうとしているのだろうか。

東神戸の街で

恒藤和哉の活躍の場は、彼の故郷でもある広島県三原市である。恒藤は大学を卒業後、三原市に父親が設立した建築会社を三十二歳という若さで引き継ぐ。

それ故私は取材のため、先ず三原に入ろうと計画した。しかし、私事になるが最近突然に身についた新型施術（通称「零式掌法」）による施術依頼殺到のために、なかなか取材出張の時間が取れないでいた。この「恒藤和哉伝」が保江邦夫による次の合気関係の著書の巻末付録になることが予め決まっており、それ故に私の執筆期間も限られている。約二ヶ月の間に原稿を書き上げなければならないのだ。

「どうしたものか……」と焦りながらも思案しているうちに、年が明けてしまう。

ところが平成二十六年新春、その年明け早々に、恒藤から「私のほうから兵庫に出向きたい」との連絡を受けた。聞けば、地元で行われた年明けの新年同窓会に参加した彼は、そこで久し振りに高校時代の同期生の一人と再会する。彼は東京の有名私大を卒業後ずっと会社勤めをしていたが、二年半ほど前に決然と会社を辞し、勤め人時代に住んでいた神戸にそのまま「おでん専門店」を夫婦で立ち上げ、軌道に乗せたというのだ。

その店の場所を聞いて、私は驚く。何と、私が日頃出張施術のために週に二回は訪れる東神戸の街だったからだ。

これほどの好都合が、またとあるだろうか。

まるで、多忙を極める自分に「場所を用意した。そこで恒藤と会え」と、またぞろ得意の予定調和が作動している気配を感じた私は、早速事前にその店に寄ってみることにしたのである。

ＪＲ某駅下車、その北側に出るとタクシー乗り場があり、そこを越えて北に向かって少し歩く。するると、とあるビルの二階に看板が出ていた。

駅から、二分とかからない。

「ここだったのか……しかし、これほどに通い慣れた街にまさか三原の恒藤さんの友人が店を出していたとは……」

改めて、その予定調和の冴えに驚くしかなかった。

この街に住む呑み友達の女性（お断りしておく。私より歳上である！　なかなかに美人だが……）を誘っていそいそと店に入った。

この訪問の主旨は、恒藤本人がいないうちに彼の同期生であるその店の店主に取材することである。

一般に、ある人物を取材する場合、その本人がいないときのほうが関係者は饒舌になる。それを狙ってのことだった。

入ってみると、カウンター席とテーブル席の両方があるものの、決して広い店ではない。そう……十数人くらいで満杯となろうか。そのカウンター席の端に、二人で座った。

事前に恒藤が連絡してくれていたこともあり、自己紹介には時間を必要としなかった。そして注文してては振る舞われるおでんを食べているうちに、私はそもそもの目的を完全に忘れ去ってしまった。


「旨いッ！」


おでんって、こんなに旨かったっけ?!

ネット上での評価が高いことが、心から納得できた。我が呑み友達は我を忘れ、黙々と（というよりも必死に）食べている。

いかん！　この店には恒藤の取材に来たのだ！　店主にあれこれ聞かなければ。

「炭粉先生、この春菊もおでんにすると美味しいんですよ。如何です？」

と店主の奥さん。

「ほほう……では所望致します」

とワクワクしながら、待つ。


「う、旨いッ！」

「い、いかんッ！」

「御主人、恒藤さんの高校時代の様子を取材したいのですがッ！」

「恒藤……あいつはタッパこそ百八十二センチあり大きいが、何せどちらかといえば大人しいヤツだったですからねえ」

「つまり、それほど目立つ人物ではなかったと」

「そうですねえ。え？　拳法部に入ってた？　いや、知りませんでした」

悪い予感がしてきた。

そして以前、桃塚学を取材したときのこと（畑村洋数著『続 謎の空手・氣空術』〈海鳴社〉参照）を、私は走馬灯のように思い出した。こんなことは決して自慢にも何にもならないが、私も高校時代空手部だった。そして黒板には穴をあけるわ、「立入禁止」の立て札は蹴り倒すわで、皆から嫌われ停学を喰らっている。


何て、普通の人なんだ！

これは書くのに手間取りそうだな……。


そう、このときはそう思った。

しかし寡黙な人間は、多くを語らない。だから、本人が伏せている話があるはずだ。もし、何も書くことがないというのなら、保江邦夫がわざわざ彼の伝記の執筆依頼をしてくるはずもないではないか。


何か、隠している。

友人にも語っていない何かを。

それを引き出さなければならない。

よしわかった！　かくなる上は、恒藤本人が神戸にやってくる日を待とう。

そう思い直した。

「御主人、次は人参、それと赤ワインおかわり！」

「私にも赤ワイン下さい！　ロールキャベツも！」

だがこのとき、私の意識は恒藤和哉に関し、ある大変重要な出来事を忘却していたのだ。やがてそれが判明するとき、私は慄然とすることになる。

恒藤和哉との面会

一月十八日、私はくだんの店にて久し振りに恒藤と会った。

彼もまた、予定調和を操ることのできる人だ。

そもそも、彼の地元で行われた同窓会に今はこの店の店主となった友人が久し振りに顔を出したことが、それだ。もし彼が来なければ、我々二人はこの店をいまだ知らない。それ故に私はまだ三原行きの日をどう取るか思案中だったはずだ。

同日の朝、恒藤は私に「神戸に行くのなら、畑村洋数会長に挨拶に伺いたい」と急にいい出した。そのメールを受けて私はその恒藤の旨を畑村に取り次ぐ。そのとき、畑村は大変驚いた様子で、直ちに私にこういってきた。

「それは千載一遇の機会だ。実は本日北海道から氣空術を学びに来られる方がおり、ちょうどいま日本におられる銘苅拳一先生も来られる予定だ。そこで昼の一時から四時まで特別稽古を行うことにしている」

畑村と私とがそのやり取りをしている最中に、恒藤からカウンターでメールが届き、「いや、わざわざ畑村会長に取り次いでもらわなくても、貴台とのアポが夜の七時、故に夕方頃に畑村会長の道場を訪れてみる」とある。そこで私は慌てて恒藤に畑村の意向を伝えたのだ。

つまり、もし恒藤が私に畑村に対する表敬訪問をいってこなければ、彼は今日畑村に会えないどころか、その特別稽古に参加することさえできなかったわけだ。この畑村からの誘いを恒藤が喜んで受け入れたことは、いうまでもない。恒藤はそこで、世界に門弟数百万人、あの伝説の空手家・銘苅拳一にさえ出会えたのだ！

店でのアポは上記したように七時だったが、私の用事がことの他早くすみ、「まあ中で待っていよう」と一時間早い六時に店に向かうと、何とその店に上がる階段で恒藤とバッタリ出会う。彼もその特別稽古の後で、慣れぬ神戸にあって移動が思ったよりスムーズにいき、早くに来てしまったという。

一事が万事、こうなるのだ。

保江邦夫との邂逅の後、もう飽きるほどに経験している。

この日、残念ながら店主は所用で不在だったが、奥さんが作ってくれるおでんに舌鼓を打ちつつ、私は恒藤本人からの直接取材を開始した。

前回訪問時は恒藤がいないほうがよかったわけだが、今回は逆に同期の友人である店主がいないほうが好都合だ。何故なら、そんな恒藤の性格上、自分の昔を知る友人が目の前にいないほうが彼も喋りやすいと考えられたからだった。

すべては、今のところうまく進んでいる。後は如何にして巧みに、寡黙な彼から聞き出すかだった。

合気との遭遇

「恒藤さんは拳法歴が長いと聞いているが、現在段位は？」

「二段です」

「何故、保江先生のところへ？」

「『合気開眼』を読んで、岡山なら近いと思い見学に行きました」

「その第一印象は？」

「本当かなあ……と思いました。それで入門してしまった感があります」

「それで、冠光寺流をやってみていちばん驚いたことは？」

「合気が実在していることを知ったときです」

ここで我々の月並みな問答は終了する。同じ体験を今こそ彼と共有できたからだ。

入門してしばらく経ったある日、恒藤は都合で稽古に遅れた日があった。道場に入ると、彼は保江邦夫にいわれる。

「ちょうどよかった。今、技の説明をしているところなので、恒藤さんちょっと打ちかかってきてくれるかなあ？」

チャンスだった。初めて見学に行ったときは、保江は技を自分にかけてくれなかったからだ。

「これで本物かどうかがわかる！」

恒藤はそう思った。

そして、合気と遭遇する。

「僕は先生に打ちかかっていきました。ええ、炭粉先輩（注：冠光寺流においては私より彼のほうが先輩だが、年齢と武歴の長さの違いから、恒藤は私を常に先輩と呼ぶ）のときのような自由攻防でこそありませんでしたが、僕だって長年武道を修行してきたのです。技をかけられて投げられたり打撃で倒されたりした場合の大体のことはわかります。しかしあのときの保江先生の技の効き方は、常識破りでした……」

軽く手を触れられて返されたと思った瞬間、数メートルも吹っ飛ばされて、畳の上に落下後も、もんどり打ってしばらく転がり続けたという。

「もちろん何回もかかっていきましたが、結果はすべて同じです。もう、飛距離が違うのですから、どうしようもありません」

既に伝えたように、恒藤は身長も体重もはるかに保江を凌駕する偉丈夫である。その恒藤が、保江の情けないほどに力の入らぬ技に文字どおり木の葉のごとくに投げられるのだ。

私は、かつて保江と自由攻防において戦ったときのことを思い出さずにはいられなかった。

「炭粉先輩ならわかってもらえるでしょう、その驚きを。およそ、人間の投げ技における物理現象の範囲を超えているのですから」

そうだ。そのとおり、恒藤さん。

仮に無抵抗な人間を柔道の投げ技の中では最も飛距離の出る巴投げで投げたとしても、ああはならない。関節技やその他の崩し技にて投げられたときなどは、推して知るべし。

ここで、大切なことをひとつ申し上げよう。「合気は実戦で使えるか」との論争は相変わらず喧しくいわれているが、実戦云々よりも、たとえ型稽古であったとしてもあんな飛ばされ方など断じて起こり得ないのだ！　無論ヤラセで演武用に飛んでやったとしても、あんなふうにはならない。いわんや、「飛んでなどやるものか！」と頑張り抵抗する者をや。

ただし、本当に合気で投げられたことのない人に何遍いおうが、詮ないことではあろうが……。

異質な現象

「昔、プロのキックボクサーと戦ったことがあります」

恒藤は続ける。

目の前に友人がいないからか、それとも店の旨いおでんについつい進んだ酒のせいか、日頃は寡黙なこの男がいつになく饒舌になっている。

待ってました（！）と、私はメモを取る用意をする。


「あれは僕が大学を卒業してからのことです。OBとして僕は拳法部を訪れました。するとプロとしてキックボクシングをしているという男が入部していたのです。身長は僕より低いし、非常に痩せていて体重もなさそうだったので、つい『三分間のスパーリングをやってみよう』といい出してしまったのです。すると最後まで『いや先輩、止めときましょう』と拒否していた彼は、いざ時計が動き出すや、今までとは完全にモードが違うというか、プロの臨戦態勢に入ったのです。初めの一分間、彼は僕の動きや攻撃技を冷静に見ていました。そして次の一分間は軽く攻撃技を出してきて、僕の守備範囲を見極めた。そして最後の一分間……」

恒藤は、そこで一息入れた。

「パンッ（！）と、ストレートを顔面に喰らいました。その瞬間から、僕の前歯はもう完全に浮いてしまって……これは全部折られたかな、と思いました。次に丸太で叩かれたような衝撃が僕の左コメカミを襲いました。脛を当てる右ハイキックを喰らったのです。正直、もう止めたいと思いましたが、自分がいい出した関係上そうもいかない。第一、後輩達が皆見ているのです。意地でも倒されるワケにはいかないじゃないですか。けれども、いくらガードしても、ガードできていないところを見つけられて、そこをバンバン突かれます。何とか立ってはいましたが、プロとアマの違いというものを思い知りました……」

話を聞きながら、私は同じくプロボクサー・坪井将誉とやり合ったときのことを思い出していた。

「恐らく彼は、ＯＢである僕を倒してしまったらシャレにならないと思ってくれたのだと思います。お陰で、助かりました」

なるほど……。

「しかしそのときでさえ、プロとアマの力量の差に対する驚きはありましたが、それは僕の武道や格闘技の技の常識の範囲に充分収まるものでしかありませんでした。けれども保江先生のときは、そうではなかった！」

念のために、申し上げておこう。恒藤は何もキックボクシングより保江の技のほうが強いなどといっているのでは断じてない。

そんなことではないのだ！
それほどに、合気とはワケのわからない不思議この上ない「現象」なのだ！
彼は、それをいいたがっている。

愛魂の本質

そこまで一気に話した後、恒藤はしかしポツリといった。
「でも保江先生って、やっぱり佐川幸義宗範のお弟子さんなんですよね……」

「封印する、ということでしょ恒藤さん」

「そうです、そのとおり炭粉先輩」

私は、冠光寺流門下を離れて久しい。だから最近の稽古の様子は知らない。

ただ、少し武道を離れてきているな、と懸念し、そのことを批判的に見てきたのは事実だ。だが恒藤と話していて、少し考えが変わった。

続けて彼は、こう語る。


「保江先生は、『もう何も合気を使って人をブン投げる必要なんかない。使えばそうなるのはわかっているのだから。それよりも、いったい僕みたいな軟弱な者がどうやって合気に至ったか、そのプロセスこそを皆さんに伝えたいと思うようになった。何故なら僕が自分の大病も克服でき、合気に至れたのも隠遁者様をはじめさまざまな人々から教えていただいた愛魂のおかげだからだ。そして最も大切なことは、僕の合気を成立させてくれている愛魂こそは、何も武道だけではなく人付き合いや日常のすべてに応用可能な原理だということ。だから僕はたとえ道場外であったとしても、そのことを多くの人々に話したいと思う』という境地になられたのではないでしょうか、先輩。もしそうなら、僕らは保江先生が自ら封印される前の合気の技を実際に受けることのできた、数少ない

『目撃者』ならぬ、『実体験者』なのです」

恒藤の話を聞きながら、私は最近自分が気づいた大切なことを確認するために、やはりこの男は三原から私の下にやってきてくれたのだと実感できた。

恒藤が来る前にこの店に行ってから、恒藤と共にここに来るまでの一週間に、先にも少し書いた大きな気づきがあって、私は慄然とするのだ。そして「序」にも書いたように、この男は私の活法にさえ大きな影響を与えてくれていることに思い至るのである。

「恒藤さん、実はね。今回恒藤さんに絶対に詳しく聞きたいと思ったことがある。私はこのことが何故か自分の意識からずっと消えていた。大切なことなのに、本を読んで知ってからも何故かすぐに忘れていたことです。それを今回『恒藤和哉伝』を書くにあたり、その本『人を見たら神様と思え――「キリスト活人術」の教え』(保江邦夫著=風雲舎)にて貴方のページを読み返して稲妻のごとく思い出し、慄然としたのです。恒藤さん、貴方の会社の方が一人、機械に薬指を挟まれて骨まで砕けるという怪我をされた下りがありましたね。それが……貴方が愛魂をかけると、たった二ヶ月余りで綺麗に治ってしまったという……」

恒藤は、椅子に座り直して、背筋を伸ばした。そして虚空を見上げる遠い目つきになり、語った。

「炭粉先輩、あれは返す返すも奇跡でした……」

ベテランの社員だった。だから普通では考えられない事故だった。その社員には、奥さんと小さな子供さんがいた。そんな子供さんが見たら、一生のトラウマになってしまうほどの凄まじい怪我だった。

しかも、事故発生は年末。年が明けて皆に挨拶ともなれば、包帯でぐるぐる巻きとなった手を誰もが「それはどうしたのだ?」と聞くに違いない。とても新年を祝うどころでは、なかった。

そんなことを考えていると、涙が出るほどに気の毒に思った。そして、このときだけは保江先生から教わった愛魂を恨んだ。

「保江先生、自分は先生から教えていただいた愛魂で、考えられないほどの幸運を引き寄せたこともありました。それなのに、どうして私の社員がこんなに痛くて苦しい目に遭わなければならないのですか! おかしいじゃないですか!」

しかし、外科医でもない自分にできることは、せめて費用など度外視してあらゆる治療と、破壊されつくした指を整形する手術を受けさせてあげることだと心底思った。だから、祈った！　一刻も早く、手術ができる状態にまで回復してほしいと。

それから二ヶ月、恒藤はとても信じられない報告をその社員から受ける。

「治りました」

何だって?!　それはどういう意味で「治った」のか。これから手術ができるまでになったという意味か？

「違います。本当の意味で治りました！　この指を見て下さい、社長！」

恒藤は、見た！

指の原型を留めなかった、骨まで粉砕された薬指。

それが……それが!!

「凄い……まったく元の指の形に戻り、傷痕すら、ない……」

「炭粉先輩、本当に僕は今度こそ愛魂に感謝しました。そして少しでも愛魂を恨んでしまった自分を恥じたのです」

「恒藤さん、私が何故その話を貴方から直接詳しく聞きたかったか、わかりますか」

「それは先輩、先輩の『零式』の発見に絡んでですね!」

そのとおりだ!!

素晴らしい後輩・恒藤和哉よ。

木曜日の奇跡

零式冠光寺掌法……これもまさに、奇跡だった。

事実、関わった医師達を仰天させ「木曜日の奇跡」とまでいわれた事件だった。

詳しくは自著に譲るが、ふとしたきっかけから掌を当てるだけで外科的な疾患が極めて短期間に快癒する能力を自分が有するらしいことが判明した。昨年（平成二十五年）の秋の出来事だ。

東京の小坂正医師の指導を得た私は、白血病に対する抗癌剤治療のために肩の骨を骨折しながら手術を受けられないという老女の患者を与えられる。半信半疑ながら、その老女の上半身をガッチリ固めているコルセット越しに両掌を当てることおよそ二十分。その五日後に、老女の骨折が綺麗に治ってしまったのだ。

ポッキリ折れていた骨が、だ！

骨折してから、わずか十一日目の出来事だった。

爾来、手術後の経過不良による痛みから椎間板ヘルニヤに至るまで、何しろ触れば治るのだ。それも、ほとんどその場で（ただし効かない人にはまったく効かない）。

数人の医師の協力の下、今でもさまざまな疾患にどこまでこの技が有効かを鋭意実験中である。

私は気功を知らない。だから気功を名乗ることは控えた。その代わり、この新型施術はどう見ても自分の能力を超えていることから（自分の力はゼロだという意味で）「零式」と名付けた。

これができるようになったとき、私は「何故こんなことができるのか、その原因がわからない」と悩んだ。

だが、原因は、あったのだ！

恒藤和哉のこの経験こそ、それを知ったときに私の潜在意識がその可能性を認知したに違いない！だから、意識では忘れてしまっていたのだ。

もし老女を与えられたとき、私の意識が恒藤のことを覚えていて、「彼にできたことだ、自分にもできるはずだ」などと少しでも思おうものなら、恐らく「木曜日の奇跡」は起こらなかっただろう（「木曜日の奇跡」とは、その老女から喜びの報告を私が受けた日が木曜日だったことにちなむ）。

「恒藤さん、貴方は私を先輩と呼んでくれる。けれども……神戸の浜口隆之道場長の冠光寺流柔術、畑村洋数会長の氣空術、そしてこの炭粉良三の零式掌法までもが、貴方のお力添えの賜物だったのだ。貴方こそ、先輩なのだ」

大団円

店の協力の下、充実した取材は終わった。

予定より一時間早く開始したため、時刻はまだ夜の八時だ。

「日帰りするとしても、最終の新幹線まではまだ間がある。恒藤さん、取材はこれで充分だ。河岸を変えて、呑み直そう！」

「いいですね！　行きましょう」

取材が終わった安心感からか、次の店では酔った恒藤の口から広島県東部備後地方の方言が頻繁に出てくる。

聞けば、備後弁は広島弁よりもむしろ名古屋弁に近く、江戸時代、三原の近隣の福山にて当時の藩主・水野勝成が福山城構築のために名古屋地方から技術者を招聘、それに付随して大量に名古屋の人間が備後に流れ込んだ史実に由来するらしい。

実は、恒藤にはもうひとつ聞かなければならない話が、取材とは別に存在した。それは彼と神戸という街の間にある、とても悲しい話なのだ。

それを聞くために、河岸を変えた。

だが、二人とも、それは止めた。せっかく楽しく呑んでいるのだ。

最終新幹線の時刻が、やがて迫る。私は恒藤と共に店を出た。そして最寄りのＪＲの駅まで送った。

彼とはここで、お別れだ。

駅の切符売り場に向かうまでの短時間に、恒藤はしかしその悲しむべき秘話を私に短くまとめて話してくれた。

私はそれを聞き、思わず立ち止まってしまう。

「それほどまでに凄まじい話だったとは……」

思わず立ちすくむ私に、恒藤はしかし笑ってこういい放った。

「炭粉先輩、僕はもう大丈夫です！　畑村会長や炭粉先輩のおかげで、僕の神戸に対する大きなトラウマが今、消えました」

「先輩、僕らは今、冠光寺流の母体・冠光寺眞法の活人術について、今まで以上に真摯に取り組まなければならない時期にきているのかもしれません」

「苦しい武道の修行を回避するいいわけにさえしないなら、それもまたよし！　恒藤さん、私も今、そう思えるようになったよ……」


やがて、その大きな後ろ姿が駅構内に消えていく。その後ろ姿に憂いはなく、むしろ、何か大きな可能性の胎動を思わせるものがあった。


恒藤和哉、五十歳。三原市在住の建築業関連会社社長。

貴方がどんな人生を歩んできたのか、その過去を詳細に知ることはできなかった。

しかし、少なくとも……貴方が保江邦夫から何を学び、そしてどこへ行こうとしているのかを知ることは、できた気がする。

今度は自分がいつの日か、三原を訪れよう。
三原とはいったい、どんな街なのだろう。そしてどんな店があるのだろう。
その日はだから、恒藤和哉にとっての行きつけの店で呑もう。
その日が今から楽しみだ。
それまで暫し、So long!

恒藤和哉伝　—完—

著者：保江 邦夫（やすえ くにお）
岡山県生まれ
東北大学で天文学を，京都大学と名古屋大学で数理物理学を学ぶ
スイス・ジュネーブ大学理論物理学科講師，東芝総合研究所研究員を経て現在ノートルダム清心女子大学大学院人間複合科学専攻教授，専門学校禅林学園講師
大東流合気武術佐川幸義宗範門人
著書は『数理物理学方法序説（全８巻＋別巻）』（日本評論社），『武道の達人』『量子力学と最適制御理論』（以上，海鳴社），『魂のかけら』（佐川邦夫＝ペンネーム，春風社）など多数
カトリック隠遁者エスタニスラウ師から受け継いだキリストの活人術を冠光寺眞法と名づけ，それに基づく柔術護身技法を岡山，東京，神戸，名古屋で指南している（連絡先 / kkj@smilelifting.com）

合気眞髄
2014 年 7 月 4 日 第 1 刷発行
2015 年 7 月 30 日 第 2 刷発行

発行所：㈱ 海 鳴 社 http://www.kaimeisha.com/
〒 101-0065 東京都千代田区西神田 2 − 4 − 6
E メール：kaimei@d8.dion.ne.jp
Tel.：03-3262-1967 Fax：03-3234-3643

発 行 人：辻 信 行
組 版：海 鳴 社
印刷・製本：モリモト印刷

出版社コード：1097

ISBN 978-4-87525-310-5 落丁・乱丁本はお買い上げの書店でお取替えください